Foto: Carsten Heidmann

Die Werder Bremen Geschäftsführung (v. li.): Manfred Müller, Klaus Allofs, Jürgen L. Born, Klaus-Dieter Fischer.

Liebe Werder-Fans!

Werder Bremen blickt auf ein erfolgreiches Jahr 2007 zurück. Zum vierten Mal in Folge spielen wir in der Champions League. Keinem anderen Mitbewerber aus der Bundesliga ist das in dieser Zeit gelungen. Die Leistung der Mannschaft von Thomas Schaaf kann man nicht hoch genug bewerten, auch wenn kein neuer Titel unseren Briefkopf schmückt.

Stürmisch im Stil, sympathisch im Auftreten, seriös in der Führung – schuldenfrei! Das sind einige der Attribute, die der Marke Werder Bremen mittlerweile in ganz Europa zugeschrieben werden. 32.000 Mitglieder begeistern sich für grünweiß – und die Zahl steigt weiter an.

Primär verantwortlich für diesen Boom zeichnet die sportliche Leitung, die es immer wieder versteht, Abgänge von Schlüsselspielern zu kompensieren und sich dabei auch auf eine hervorragende Nachwuchsarbeit stützen kann. Trotz einer schier unendlichen Verletzungsserie gelang es in der laufenden Saison 2007/2008 wieder, ‚Erlebnisfußball' zu inszenieren.

So verwundert nicht, dass die aktuellste repräsentative, bundesweite Umfrage nach Bayern München die zweithöchsten Sympathiewerte für Werder Bremen auswies. Von der ‚Creditreform' wurden wir zudem vor dem FC Bayern zum bestverwalteten Unternehmen der Liga gekürt. Diese Marktbeobachter und -kritiker beeindruckt insbesondere das hervorragende Verhältnis von Geldeinsatz zu sportlichem Ergebnis.

Über allem steht die Kontinuität in der Führung bei stetigem sportlichem und wirtschaftlichem Wachstum. Ein organisches Wachstum, das sich am augenscheinlichsten an der Entwicklung des Einnahmevolumens ablesen lässt: Werder hat mit 101 Millionen Euro per 30.06.2007 erstmals die 100-Millionen-Grenze durchbrochen und damit den Umsatz im Verlauf der letzten sechs Jahre mehr als vervierfacht.

Fußball ist immer noch die schönste Nebensache der Welt, aber wenn Sie diese Zahlen lesen, wird klar, dass aus Werder Bremen längst ein erfolgreiches, mittelständisches Unternehmen geworden ist. Aber: In die Beletage der Bundesliga und des internationalen Fußballs einzuziehen, ist schwer genug, noch schwieriger ist es, sowohl die sportliche als auch die wirtschaftliche Effizienz auf höchstem Niveau zu stabilisieren.

Wir sind gut gerüstet für die anspruchsvollen Aufgaben der Zukunft, die Weichen sind gestellt. Wichtige Verträge, unter anderen die von Torsten Frings und Diego, wurden verlängert. Erstmals konnten wir mit der Citibank einen weltweit aufgestellten Hauptsponsor gewinnen. Und auch der Stadionausbau ist zukunftsweisend.

Wenn alles glatt läuft, werden wir Ende 2008 erstmals 50.000 Plätze im Weser-Stadion anbieten können. Übrigens ohne dass die Stadt Bremen auch nur einen Cent dazu geben muss. Interessant in diesem Zusammenhang ist eine Information zum Durchschnittseintrittspreis in der Bundesliga: Er beträgt pro Platz 19,31 Euro. Bei Werder liegt er bei rund 15 Euro – auch ein ‚kleines Wunder von der Weser'.

Werder Bremen trägt nicht nur positiv zum Image der Stadt Bremen bei, auch den Kassen des Finanzamts sind wir, wie auch alle anderen Fußball-Unternehmen, zuträglich. Hätten Sie gewusst, dass die Profiklubs der DFL zusammen jährlich 400 Millionen Euro Steuern abführen?

Unsere Rolle als ‚Arbeitsplatzbeschaffer' ist ebenso relevant wie die als Erfüller sozialer Aufträge. Auch hier leistet Werder Wertvolles: bei der Arbeit mit Jugendlichen im eigenen Verein, aber auch mit der Partneraktion ‚100 Schulen – 100 Vereine', die bereits kopiert wird. Initiativ sind wir gegen Rassismus und Diskriminierung. Unsere Aktivitäten auf diesem Gebiet finden auch außerhalb Bremens Beachtung.

Die Marke ‚Werder Bremen' legt also in allen Facetten an Strahlkraft zu. Das wäre ohne Sie, unsere Fans, nicht möglich. Wir bedanken uns – auch im Namen der Mannschaft – sehr herzlich für Ihre großartige Unterstützung und setzen auf ein erfolgreiches Jahr 2008.

Für Ihre Unterstützung bedankt sich
im Namen der gesamten Geschäftsführung

Jürgen L. Born
Vorsitzender der Geschäftsführung
Werder Bremen

Das Stadion
Das Lichtspielhaus

Die Fußball-Regisseure

Die Strippenzieher

Flagge zeigen ...

Ansteckend

Antreten ...
Das Spiel
mit dem Ball

Handstreich

Gefährlicher
Flugkörper

Lasst
Gesten
sprechen
Ohrenbetäubend

Dirigent

Immer der
Nase nach
Elf
Freunde

Optimal versorgt

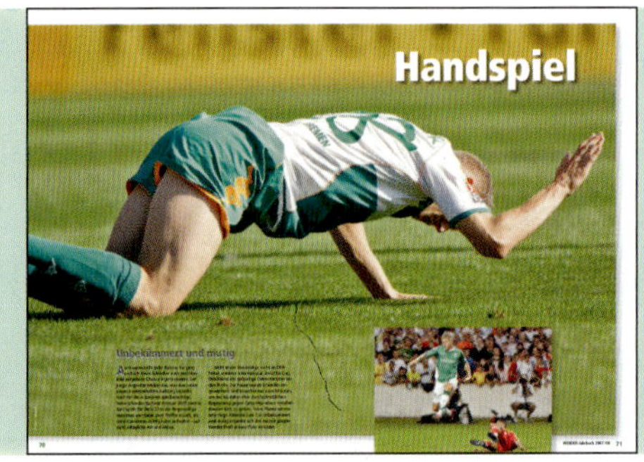
Handspiel

Zupackend

Reihenweise
Spitzen-
fußball(er)

Sprungbereit
Im Fokus

Perspektivisch

Das offizielle WERDER BREMEN Jahrbuch 2007/08

Die packendsten Augenblicke: emotional, kurios, artistisch!

Werder in Bildern

Service

Wer ist wer?

Impressum

Herausgeber:
Werder Bremen GmbH & Co KG aA
Mediendirektor: Tino Polster
Redaktionelle Leitung:
Marita Hanke (V. i. S. d. P.)
Thomas Grziwa
Redaktion: Martin Lange
Fotos: Getty Images, Carsten Heidmann, imago, nordphoto, Martin Rospek, Witters
Fotoredaktion: Marita Hanke, Thomas Grziwa
Anzeigenleitung: Oliver Rau
Gestaltung: Ulrich Nottrodt, Bremen
Lithografie:
Medienhaven GmbH
Druck: Druckhaus Humburg, Bremen

Das Stadion

Das Lichtspielhaus

Vorhang auf für spektakuläre Unterhaltung: Hier wird der Stoff für ganz große Fußballfilme produziert. Spannende Thriller, packende Action, bewegende Emotionen. Hier gibt's die Stars hautnah. Und die werden schon bald noch besser ins Rampenlicht gerückt.

Im Rahmen der Kapazitätserweiterung auf etwa 50.000 Plätze erhält das Weser-Stadion unter anderem eine neue Dachkonstruktion. Die Flutlichtmasten werden dann von einer modernen, in das Dach integrierten Lichtanlage abgelöst. Die geplante Glasfassade verleiht Werders Heimspielstätte zudem zukünftig eine neue, glanzvolle Optik und verstärkt weiter ihren Charakter eines echten Bremer Wahrzeichens.

Foto: Carsten Heidmann

Die Fußball-Regisseure

Geschäftsführer Klaus Allofs und Cheftrainer Thomas Schaaf geben vor, was im Weser-Stadion gespielt wird. Sie führen Regie, verantworten das sportliche Drehbuch und werden dabei von einem großen Stab unterstützt.

Nicht selten müssen sie improvisieren, wenn gleich mehrere Hauptdarsteller nicht mitspielen können. Doch durch ausgeklügeltes ‚Casting' neuer Helden (im Fußball ‚Scouting' genannt) gelingt es ihnen immer wieder, eine Besetzung zusammen zu stellen, die beste Unterhaltung garantiert. Dabei drängt das seit mehr als acht Jahren bewährte Werder-Duo nie selbst ins Rampenlicht, sondern lässt am liebsten sportliche Leistungen sprechen.

Foto: Carsten Heidmann

BELUG

Die Strippenzieher

Sie arbeiten hinter den Kulissen und tragen die Verantwortung: Werders Geschäftsführer Klaus-Dieter Fischer, Klaus Allofs, Jürgen L. Born und Manfred Müller (großes Foto v. li.) leiten das Unternehmen Werder Bremen. Mit mehr als 100 Millionen Euro Umsatz wurde im Geschäftsjahr 2006/07 ein neuer Rekord aufgestellt. Und dass sich Werders Bosse auch auf dem Rasen wohl fühlen und mit dem Ball umzugehen wissen, zeigten sie beim Fotoshooting im Weser-Stadion.

Fotos: Carsten Heidmann

OHZ

Die Hauptdarsteller

Beim Betreten der Bühne laufen die 22 Akteure noch einträchtig nebeneinander. Doch wenn das Spiel beginnt, möchte jeder eine Hauptrolle spielen. Manche tun das eher unauffällig und sind dabei häufig sogar am wertvollsten.

Die Fußball-Show kann beginnen, wenn der Spielertunnel im Weser-Stadion nach und nach die Weltstars ‚ausspuckt': Zwei von ihnen, Werder-Profi Torsten Frings und John Terry vom FC Chelsea, führen hier ihre Mitspieler auf den Platz. Es folgte im November 2006 eine denkwürdige Champions-League-Begegnung. Per Mertesacker besiegelte mit seinem Kopfballtor die Niederlage des Millionen-Teams aus London. Werder bewies, dass aus Bremen keine Mannschaft der Welt einfach so im Vorbeigehen die Punkte entführt.

Foto: imago

Die Fans

Rückendeckung

Sie können zwar nicht aktiv in das Geschehen auf dem Spielfeld eingreifen. Dennoch geht ihr Stellenwert über eine Statistenrolle weit hinaus. Wer solche Fans im Rücken hat wie Werder Bremen, der fühlt sich nirgends in Europa allein. Schon gar nicht im Weser-Stadion, wo die Rückendeckung der Anhänger beim Betreten des Spielfelds besonders anschaulich dokumentiert wird.

Und die Werder-Leidenschaft verbindet: Sie heißen ‚Weserratten', ‚Weser-Piraten', ‚Hamburger Stadtmusikanten', ganz schlicht ‚Club der Werderaner' oder ‚Werder-Freunde' – von Risum-Lindholm im Norden bis Konstanz im Süden haben sich in ganz Deutschland Fans zusammengeschlossen, um gemeinsam die Grün-Weißen zu unterstützen. Und täglich werden es mehr. Wer auch dabei sein will: Die Ansprechpartner der offiziellen Werder-Fanclubs gibt's ab Seite 125.

Foto: Carsten Heidmann

Flagge zeigen …

… für die Nummer eins im Norden. Grün-weiße Fans sind ausdauernd, kreativ und musikalisch – eben einfach Spitze! Ob eindrucksvolle Kurvenshows, tolle Outfits oder die Werder-Hymne ‚Lebenslang grün-weiß' – was vor allem in der Ostkurve bei den treuesten Anhängern abgeht, hat die Bezeichnung ‚100 % Werder' wahrlich verdient.

Und auch auswärts bringen die Bremer Fans Stimmung in die Arenen. Der Block der Grün-Weißen ist fast immer rappelvoll. Ob Deutschland oder Europa – ihnen ist kein Weg zu weit, um hautnah dabei zu sein. Auf Werders Nummer 12 ist immer Verlass.

Foto: imago

Ansteckend

Die Fußball-Begeisterung in Bremen hat viele Gesichter. Sie bewundern, sie schreien, feuern an. Und sie strahlen vor lauter Begeisterung, wenn Werder mal wieder ein Torfeuerwerk abbrennt.

Dieses grün-weiße Strahlen wird schon den Kleinsten mit in die Wiege gelegt. Es begleitet sie im Kindergarten, in der Schule und lässt sie nie mehr los – Bremer sind lebenslang grün-weiß. Das Werder-Virus fesselt sie an ihren Dauerkartenplatz im Weser-Stadion. Und es ist extrem ansteckend, verbreitet sich rasend schnell und unaufhaltsam – jede Menge Fußball-Fans in der ganzen Welt sind bereits infiziert.

WERDER BREMEN
Foto: nordphoto

Foto: Witters

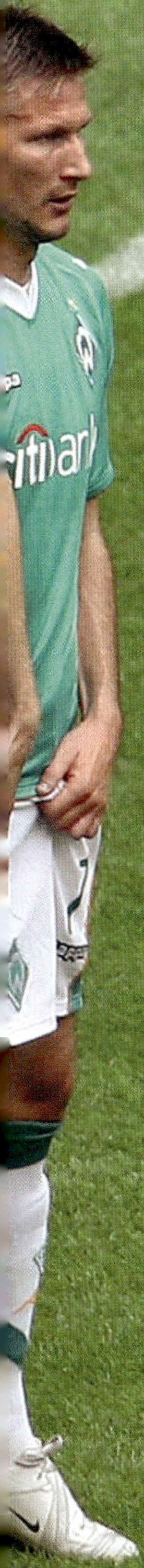

Antreten …

… zur Gefahrenabwehr: Während sich fünf Werder-Profis zur schwer überwindbaren Mauer postiert haben, wird Torsten Frings das Voraus-Kommando bei der Entschärfung dieses gegnerischen Angriffs bilden. Es ist sein Spezialgebiet. Als Abfangjäger vor der Abwehr ist er nicht nur für Werder sondern auch für die deutsche Nationalmannschaft unverzichtbar.

Ansonsten gilt für Werder das alte aber doch treffende Motto: Angriff ist die beste Verteidigung. In drei der vergangenen vier Spielzeiten erzielten die Grün-Weißen die meisten Treffer aller Bundesligisten.

Das Spiel mit dem Ball

Foto: imago

Der Traum vom Fliegen

Tim Wiese hat sein Hobby zum Beruf gemacht. Er liebt das Fliegen. Nicht nur auf dem Fußballplatz, sondern auch abseits davon: Wenn der Keeper mal richtig entspannen und abschalten will, lässt er am liebsten seinen Modellhubschrauber in die Lüfte steigen.

Eines steht immer im Vordergrund: die Sicherheit. Keine unüberlegten Manöver, stets wachsam sein – das sind die Voraussetzungen für Hobby und Beruf. Und so fliegt Werders Torhüter wie hier in München hinter Bällen her, die der Gegner schon im Netz sieht und kratzt sie doch noch im äußersten Winkel seines Tores von der Linie.

Nicht verbiegen lassen

Genau 7,32 Meter breit und 2,44 Meter hoch ist der Kasten, den Torhüter verteidigen müssen. Da heißt es fliegen, sich strecken, sich verbiegen, das Unmögliche möglich machen. Athletik, Beweglichkeit und enorme Konzentrationsfähigkeit sind gefragt. Tim Wiese vereint alle diese Eigenschaften auf sich.

Außerhalb des Spielfelds lässt sich Werders Nummer eins dagegen nicht verbiegen. Er sagt offen seine Meinung. Und bekennt sich zu Werder. Dass der Vertrag mit dem Keeper bis 2012 verlängert wurde, zeigt, dass bei den Grün-Weißen auch im Tor Wert auf Kontinuität gelegt wird.

Foto: imago

Foto: imago

Ballmeister

Hier habt ihr einen Ball. Nun seht zu, dass ihr etwas Kluges damit anstellt", scheint Cheftrainer Thomas Schaaf in diesem Moment zu denken. Nur wer exzellent mit dem Spielgerät umgehen kann, hat Chancen bei Werders Coach. Ballsicherheit und außergewöhnliche technische Fähigkeiten sind ein Muss für jeden Profi der Grün-Weißen. Denn nur dann ist Schaafs Philosophie umzusetzen. Der Trainer liebt das schnelle, offensive Kurzpassspiel – ohne Schnörkel und mit direktem Zug zum gegnerischen Tor. Mit seiner Mannschaft will er diesen attraktiven Werder-Fußball weiter perfektionieren.

Foto: imago

Handstreich

Wissenschaftliche Erkenntnisse spielen auch im Fußball eine immer größere Rolle, nicht nur bei der regelmäßigen Erhebung von Laktatwerten und der daraus resultierenden differenzierten Trainingsgestaltung. Auch eher kuriose Sachverhalte werden untersucht: So liegt der ideale Winkel für besonders weite Einwürfe bei 30 bis 35 Grad. In diesem Winkelbereich kann der menschliche Körper den Ball am kraftvollsten werfen – auch wenn der optimale Wurfwinkel, den Gesetzen der klassischen Mechanik folgend, bei 45 Grad liegt. Das fanden britische Sportwissenschaftler heraus.

Beim Werder-Training wurde dennoch bisher kein Forscher mit einem Winkelmesser gesichtet. Und Pierre Wome, dessen Einwürfe oft gefährlichen Flanken gleichen, schob auch noch keine Sonderschicht im ‚Einwürfe ausführen'. Das wird auch zukünftig nicht nötig sein. Denn die Wissenschaftler konnten in ihrer Untersuchung zeigen, dass geübte Spieler intuitiv richtig einwerfen und ihren Abwurfwinkel auch über mehrere Würfe konstant halten können.

Foto: imago

Atemberaubend

Nanu, ist es neuerdings erlaubt, den Ball mit Lungenkraft voranzutreiben? Zwar sieht es hier so aus, als hätte Per Mertesacker mit Leichtigkeit dem Spielgerät pustend die richtige Richtung gegeben. Doch wer Werders hoch gewachsenen Innenverteidiger kennt, der weiß, dass dieser gerade mal wieder eine seiner größten Stärken ausgespielt hat: das Kopfballspiel. Der Körper unter Hochspannung, den Ball mit beiden Augen fixiert. Mertesackers Technik und Timing beim Kopfball bereichern jeden Fußball-Lehrfilm.

Gefährlicher Flugkörper

Diego hat die Bundesliga im Flug erobert. Und das im wahrsten Sinne des Wortes. Seit der Brasilianer in Deutschland spielt, ist nichts mehr, wie es vorher war. Mit spektakulären Flugeinlagen wie diesem ‚Seitfallzieher' im Spiel gegen den VfB Stuttgart begeistert Diego die Fans. Doch er zaubert nicht nur, um sich in den Vordergrund zu spielen . „Alles, was ich auf dem Platz mache, muss der Mannschaft helfen", ist seine Devise.

Nun soll nach vielen persönlichen Auszeichnungen für Diego in seinen ersten anderthalb Werder-Jahren endlich auch ein Titel mit der Mannschaft her. Am besten sofort, gerne auch in den nächsten Spielzeiten. Denn der Spielmacher verlängerte im September seinen Vertrag vorzeitig um ein weiteres Jahr – bis 2011. Der Grund: „Hier bei Werder gibt es für mich die besten Voraussetzungen, um erfolgreich Fußball zu spielen."

Foto: nordphoto

Grün-weiß-rote Rivalität

Wenn zwei sich (um den Ball) streiten, freut sich … der Fan. Und wenn einer der beiden ‚Streithähne' in grün-weiß aufläuft und der andere einen rot-weißen Dress trägt, dann ist die Freude häufig besonders groß. Denn dann steht meist die Begegnung zwischen Werder und Bayern München (hier Jurica Vranjes und Marcell Jansen) auf dem Spielplan. Und dann sind nicht nur die Spieler, sondern auch die Fans bis in die Haar- und Fingerspitzen motiviert, ihr Bestes zu geben. Auf dem Rasen geht es mit Vollgas zur Sache. Außerhalb ist das Verhältnis der beiden deutschen Top-Clubs von gegenseitigem Respekt für die Leistung des anderen geprägt.

Foto: imago

Foto: imago

Konzentrierte Gelassenheit

Nichts Neues aus dem hohen Norden – und das ist gut so. Werders Finne Petri Pasanen verkörpert auch in seinem vierten Jahr bei den Grün-Weißen Beständigkeit, Zuverlässigkeit und steht für ‚100 % Werder'. Sachlichkeit und konzentrierte Gelassenheit sind nicht nur auf dem Spielfeld sondern auch außerhalb seine großen Stärken.

Nur sieben Profis des aktuellen Kaders spielen länger bei Werder als der Nationalspieler. Pasanen ist wirklich kein ‚Wandervogel'. Kontinuität ist ihm wichtig, auch deshalb passt er hervorragend zu Werder. Ob in der Mitte, rechts in der Viererkette oder links – wo Pasanen aufläuft, brennt defensiv nichts an. Und auch sein Spiel nach vorne hat der Finne in den vergangenen Monaten weiter entwickelt.

Foto: Getty Images

Mit Köpfchen

Immer wieder ließ Daniel Jensen, seit er 2004 zu Werder kam, sein außergewöhnliches Können aufblitzen, stand kurz davor, dauerhaft einen Platz im Mittelfeld der Grün-Weißen einzunehmen. Doch jedes Mal warfen den Dänen Verletzungen oder Formschwankungen wieder zurück. Zu Beginn der Saison 2007/08 stabilisierte sich der Mittelfeldspieler auf konstant hohem Niveau. Gefährliche Freistöße und Ecken, der viel zitierte ‚tödliche' Pass, Gewandtheit am Ball, beeindruckende Technik, Intelligenz im Spielaufbau – auf allen Mittelfeldpositionen kann Jensen seine besonderen Fähigkeiten ausspielen.

Foto: Carsten Heidmann

Anziehend

Die Mischung macht's: Ob ausländische Nationalspieler wie der Serbe Dusko Tosic (li.) oder junge deutsche Nachwuchstalente wie Sebastian Boenisch – Werder wirkt anziehend. Und das nicht nur wegen der schicken neuen Trikots, auf denen seit dieser Saison der Schriftzug von Werders neuem Hauptsponsor CITIBANK prangt.

Die Teilnahme an der Champions League bietet den Werder-Profis die Chance, sich auf großer internationaler Bühne ins Rampenlicht zu spielen und sich für ihre Nationalteams zu empfehlen. Und jeder Fußball-Experte weiß: Junge Spieler, die das Zeug zu einer großen Karriere haben, sind bei den Grün-Weißen traditionell gut aufgehoben.

Foto: imago

Foto: Carsten Heidmann

Der harte Weg zurück

Reha – bei diesem Wort zuckt wohl jeder Fußball-Profi vor Schreck zusammen. Reha – das ist, als wäre man eingesperrt, als müsste man aus einem Käfig den Kollegen zusehen, ohne eingreifen zu können. Jeder Spieler kann ein mehr oder weniger trauriges Lied davon singen, was es bedeutet, sich nach einer Verletzung wieder heran kämpfen zu müssen.

Zum Beispiel Aaron Hunt (li.): Bereits am ersten Trainingstag der Saison 2007/08 musste er aus dem Trainingslager auf Norderney abreisen. Es folgte eine lange Verletzungspause. Dass dies kein Hinderungsgrund für eine erfolgreiche Karriere sein muss, zeigt das Beispiel von Clemens Fritz. In der Saison 2004/05 konnte er, damals noch in Diensten von Bayer Leverkusen, aufgrund eines komplizierten Schien- und Wadenbeinbruchs kein Pflichtspiel absolvieren. Jetzt ist er einer von Werders 15 A-Nationalspielern.

Foto: imago

Fotos: Getty Images

Lasst Gesten sprechen

Ohrenbetäubend

Gespräche verursachen etwa 40 bis 60 Dezibel, ein Rasenmäher ungefähr 80, eine Motorsäge schafft bis zu 100, Diskotheken liegen bei 110, ein startender Düsenjet hat eine Lautstärke von etwa 130 Dezibel. Und der Torjubel im Stadion? Der erreicht Spitzenwerte von bis zu 110 Dezibel. Und dennoch hört nicht nur Diego immer wieder gerne zu. Das wissenschaftliche Geheimnis: Je nachdem, welche Gefühle man mit dem Gehörten verbindet, empfindet man Behagen oder Stress. Die Werder-Begeisterung im Weser-Stadion wird somit ganz anders als ein startender Düsenjet empfunden – auch wenn er ähnlich laut daher kommt.

Augen auf …

… bei der Beurteilung! Auch alteingesessene Werderaner konnten sich nicht daran erinnern, dass schon einmal einem Spieler von der Öffentlichkeit so extrem die fußballerischen Fähigkeiten abgesprochen wurden wie Boubacar Sanogo. Und das, bevor er überhaupt einmal für Werder gegen den Ball getreten hatte. Zwar lag hinter dem Angreifer ein rabenschwarzes Jahr beim Hamburger SV, doch zuvor gehörte er in Kaiserslautern zu den Publikumslieblingen. Und an diese Zeit in der Pfalz schloss er bei den Grün-Weißen nahtlos an.

Fotos: imago

Foto: Getty Images

Offene Worte

Torsten Frings sagt, was er denkt. Der Nationalspieler vertritt seine Meinung – genau so energisch, wie er im Training und im Spiel auf dem Rasen zu Werke geht. Dabei versucht er stets, im Sinne der Mannschaft zu handeln. Und das auch dann, wenn ihn eine Verletzung zu einer längeren Pause zwingt.

Mit seinen sportlichen Träumen und Wünschen hält er ebenfalls nicht hinterm Berg. Im WERDER-Magazin verriet Frings, dass ihn kein anderer Titelgewinn, weder der WM- noch der EM-Erfolg so glücklich machen könnte wie der Gewinn der deutschen Meisterschaft mit Werder.

Dirigent

Es muss nicht immer Fußball sein: Per Mertesacker könnte mit diesen Handzeichen auch gut ein ganzes Sinfonieorchester dirigieren. Und müsste sich dabei vielleicht gar nicht umgewöhnen. Denn die Parallelen zu einer Fußball-Mannschaft sind unverkennbar: Schließlich braucht man in beiden Ensembles Mitglieder für die leisen Töne und solche, die für Paukenschläge sorgen können.

Und bei beiden sorgen gerade viele unterschiedliche Charaktere für einen besonderen Reiz und für hohen Unterhaltungswert. Dabei darf ruhig mehrstimmig gespielt werden. Entscheidend ist, dass am Ende alles einen harmonischen Einklang ergibt.

Foto: imago

Foto: imago

Identifikaton und Integration

Da geht's lang. Frank Baumann (li.) führt sein Team bereits im achten Jahr als Mannschaftskapitän durch die Saison. Wie häufig bei so mannschaftsdienlichen Spielern wie ‚Baumi' wird vielen sein Wert für das Team immer dann am meisten bewusst, wenn er nicht auflaufen kann. Und das kam bei dem von Verletzungen gebeutelten Mittelfeldspieler zuletzt leider öfter vor.

Doch auch wenn er nicht aktiv ins Spielgeschehen eingreifen kann, ist er für die Mannschaft besonders wertvoll. Denn der Kapitän kennt Bremen mittlerweile wie seine Westentasche. Und er hat einen großen Anteil daran, dass sich neue Spieler wie Boubacar Sanogo oder Hugo Almeida bei den Grün-Weißen so schnell zurecht finden, integriert werden und sich mit Werder identifizieren.

Foto: Getty Images

Foto: imago

Adrenalinstoß

Wehende Haare, den Mund weit aufgerissen: Tim Borowski liebt den Rausch hoher Geschwindigkeiten – das verriet der Nationalspieler bereits vor einiger Zeit in einem Interview. Um den Adrenalinausstoß bei ‚Boro' deutlich zu steigern, reicht jedoch bereits ein Fußballspiel. Der Puls am Anschlag, den Körper bis in die letzte Faser gespannt, alle Energiereserven mobilisiert. Und ein Torerfolg gibt den allergrößten Kick.

Das berauschende WM-Turnier in Deutschland im vergangenen Jahr noch im Kopf, will der Mittelfeldspieler bei der EM 2008 mit der Nationalmannschaft erneut um einen großen internationalen Titel kämpfen.

Kappa
citibank

Foto: Getty Images

Wie im Zirkus

Manege frei für den fliegenden ‚Bouba' – Per Mertesacker (re.) scheint wie ein kleines Kind, das sich zum ersten Mal von einer Zirkusvorstellung verzaubern lässt, über das unglaubliche Kunststück von Boubacar Sanogo zu staunen.

Es ist die Mischung aus ruhiger Sachlichkeit, wie sie Mertesacker verkörpert, und positiver Verrücktheit wie bei Boubacar Sanogo, die Werder auszeichnet. Während den langen Defensivstrategen auf dem Spielfeld nichts aus dem Gleichgewicht bringen kann, schafft es der Angreifer immer wieder, den Gegner mit außergewöhnlichen Aktionen zu überraschen. Und das nicht nur nach Toren mit seinem halsbrecherischen Flic-Flac-Jubel.

Foto: Witters

Elf Freunde

Foto: Getty Images

Immer der Nase nach

Die Ureinwohner Neuseelands, die Maori, tun es. Die Eskimos tun es auch. Sie begrüßen sich traditionell mit einem Nasenkuss. Dänen und Schweden dagegen sind für diesen Brauch nicht unbedingt bekannt. Bei Fußball-Profis, hier Daniel Jensen (li.) und Markus Rosenberg, dürfte diese Art der körperlichen Annäherung auf ganz besonders positive Erlebnisse im Spiel zurückzuführen sein. Es ist eine ganz spezielle Variante des Jubels. Zum Beispiel über Tore, mit denen auch die beiden Nationalspieler in der Vergangenheit zum erfolgreichen Auftreten der Grün-Weißen beitrugen.

Fotos: imago

Grün-weiße Strahlkraft

Mensch, Diego, wie haben wir das heute wieder hingekriegt!?" – „Na wie wohl? Mit Gute-Laune-Fußball."

Es ist nicht überliefert, worüber sich Werders Brasilianer (li.) in dieser Szene tatsächlich unterhalten haben. Aber eines ist klar: Verlierer sehen anders aus. Zwar haben Diego und Naldo fast immer strahlend gute Laune – aber Niederlagen können auch den beiden Südamerikanern gehörig die Stimmung verhageln. Nichts wurmt sie so, wie als Verlierer vom Platz zu gehen.

Dass ein Erfolg jedoch nicht immer euphorisches Strahlen auslöst, zeigen Boubacar Sanogo und Tim Borowski (re.). Nach dem Last-Minute-Sieg im DFB-Pokal-Spiel bei Eintracht Braunschweig bestimmte eher Erleichterung die Gefühlslage.

Foto: imago

Fußball, der auf der Zunge zergeht

„Ätsch, da haben wir es euch mal wieder gezeigt", scheint Markus Rosenberg hier ein wenig schelmisch zu sagen.

Werder glänzt nicht nur mit mannschaftlicher Geschlossenheit, sondern auch durch hervorragende Einzelspieler. In der Saison 2006/07 belegten die Grün-Weißen in allen Ranglisten Spitzenplätze. Rosenberg war in der Rückrunde der treffsicherste Angreifer, brauchte für seine acht Tore nur 572 Spielminuten.

Diego spielte sich mit insgesamt 13 Saisontreffern in den Vordergrund, beeindruckte aber in gleichem Maße auch als ‚Mann im Hintergrund': 14 Werder-Tore bereitete der brasilianische Nationalspieler vor. Und das Beste: In der Spielzeit 2007/08 macht er einfach so weiter.

Foto: imago

Foto: nordphoto

Original und Fälschung

Hey, Jungs, ich sehe was, was ihr nicht seht… Und das ist rot. Na, keine Ahnung? Ok, dann tut einfach so, als ob ihr nichts bemerkt. Wir werden nämlich beobachtet." Im linken Bild warnt Naldo noch. Im rechten Bild ist es bereits passiert. Und der Brasilianer grinst: „Hab ich's euch doch gesagt."

Wie beim beliebten Bilder-Suchspiel mit Original und Fälschung hat sich der englische FIFA-Schiedsrichter Michael Riley von hinten an die drei Werder-Profis heran geschlichen und sich unbemerkt auch vor das Objektiv des Fotografen geschoben. Torsten Frings und Diego scheint das jedoch kalt zu lassen. Ihre Konzentration ist voll auf das Spiel gerichtet.

Schulterschluss

Wenn eine Mannschaft dezimiert ist, viele Spieler auf Grund von Verletzungen fehlen, dann gilt es für die Verbliebenen, noch enger zusammenzurücken. Diese alte Fußballweisheit nahmen sich die Werderaner zu Beginn der Saison 2007/08 zu Herzen, als es galt, eine Serie von Ausfällen zu verdauen, die in dieser Form selten ein Bundesliga-Team erlebt hatte.

Erfahrene Profis wie Per Mertesacker und Tim Borowski (re.) übernahmen bei der Führung der Mannschaft noch mehr Verantwortung. Und nicht nur Nachwuchstalent Martin Harnik (hier mit Leon Andreasen) nutzte die überraschende Chance, um auf sich aufmerksam zu machen. Die Erkenntnis: Werder ist auch in der Breite gut aufgestellt.

Foto: nordphoto

29
WERDER BREMEN
WERDER BREMEN
Foto: nordphoto

Optimal versorgt

Bei Werder Bremen herrscht ein besonderes Klima – eine Wohlfühl-Atmosphäre wie man sie selten findet. Und das nicht nur auf dem Spielfeld, wenn sich wie in dieser Szene gleich drei Kollegen um den verletzten Boubacar Sanogo kümmern. Das betonen die Profis der Grün-Weißen, wenn sie ihre Entscheidung begründen, nach Bremen zu wechseln oder ihren Vertrag zu verlängern. Vom Zeugwart und Physiotherapeuten bis zum Dolmetscher, von Tipps zum Umgang mit den Medien bis zur Bearbeitung der Autogrammkartenpost – für alle Lebenslagen eines Fußball-Profis hat Werder den optimalen Ansprechpartner.

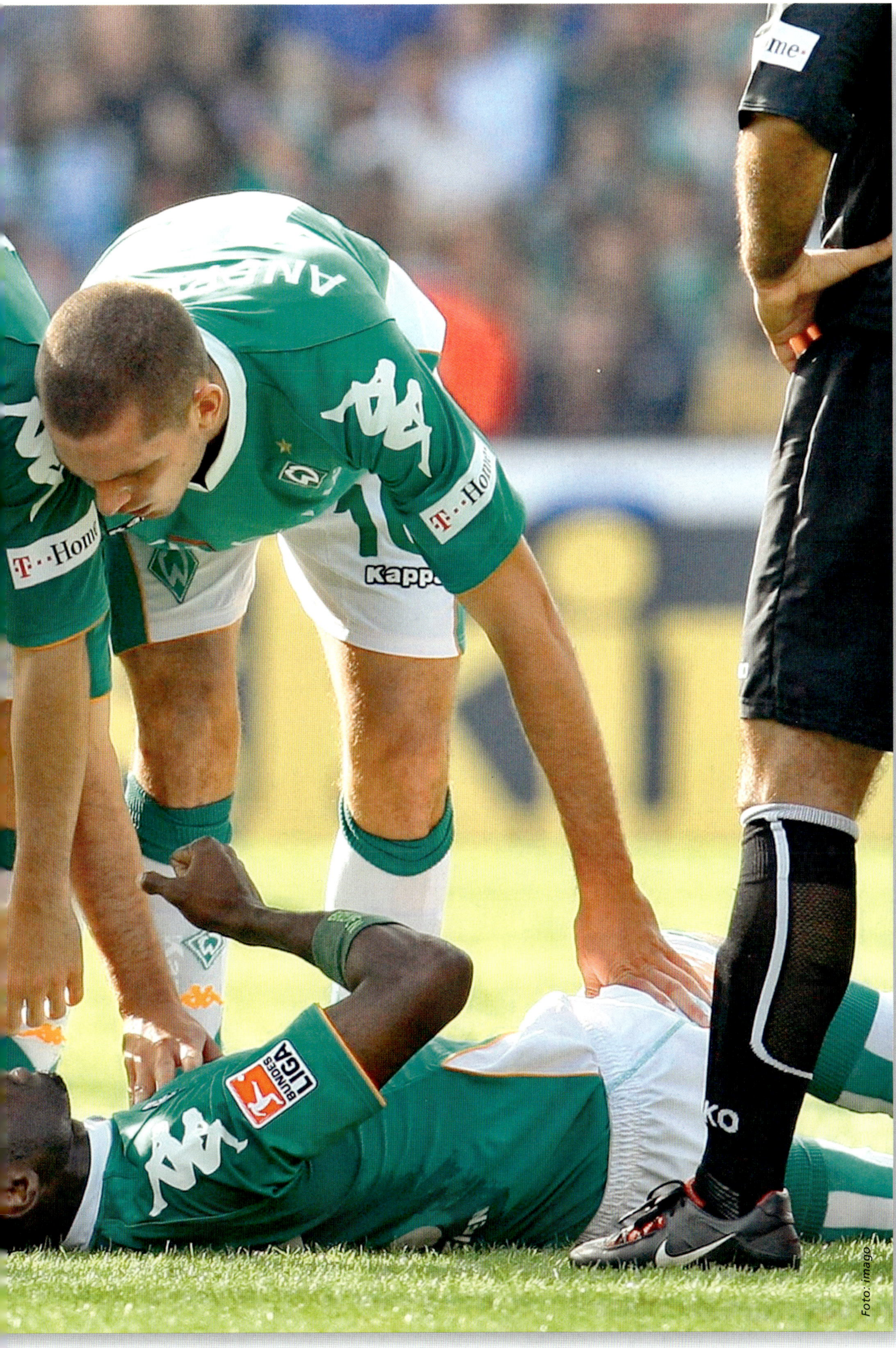

Foto: imago

Fotos: imago

Unbekümmert und mutig

Auch wenn nicht jeder Ball ins Tor ging und sich Kevin Schindler auch mal über eine vergebene Chance ärgern musste: Der junge Angreifer erlebte das, was man unter einem kometenhaften Aufstieg versteht. Noch für die A-Junioren spielberechtigt, hatte Schindler bis Ende Februar 2007 bereits fünf Spiele für die U 23 in der Regionalliga bestritten und dabei zwei Treffer erzielt, als seine Karriere so richtig Fahrt aufnahm – auf nicht alltägliche Art und Weise.

Nicht in der Bundesliga, nicht im DFB-Pokal, sondern international, im UEFA-Cup, debütierte der gebürtige Delmenhorster bei den Profis. Zur Pause wurde Schindler eingewechselt und brauchte nur zwei Minuten, um der bis dahin eher durchschnittlichen Begegnung gegen Celta Vigo einen entscheidenden Kick zu geben. Seine Flanke verwertete Hugo Almeida zum 1:0. Unbekümmert und mutig erspielte sich der derzeit jüngste Werder-Profi seinen Platz im Kader.

Handspiel

Zupackend

Es gibt Tage im Leben eines Trainers, da möchte er einmal so richtig zupacken; da spürt er ganz genau: Jetzt ist die große Chance da, jetzt muss nur noch einer den berühmten Sack zu machen, und alles ist gut. Doch dann klappt das eine nicht und auch nicht das andere, und es besteht die Gefahr, dass man mit leeren Händen da steht. Am Spielfeldrand ist dieses Gefühl besonders stark: Du stehst ganz dicht dran, aber eigentlich ganz weit weg, siehst alles, alle sehen dich ... Aber du kannst das Steuer nicht mehr rumreißen. In einer solchen Situation zeigt Werders Cheftrainer Thomas Schaaf handgreiflich, was in ihm steckt.

Fotos: imago

Gekommen um zu bleiben

Nein, daran, umgehend nach Brasilien zurück zu kehren, hat Carlos Alberto nie gedacht. Auch wenn der Mittelfeldspieler keinen leichten Start bei Werder hatte. „Mein Ziel war es schon länger, nach Bremen zu kommen", sagte Alberto bereits bei seiner Vorstellung. Die gesundheitlichen Probleme, die den Champions-League-Gewinner von 2004 seitdem immer wieder zurück warfen, waren zu diesem Zeitpunkt noch nicht abzusehen.

Leider konnte der Brasilianer bislang noch keine Höchstleistungen abrufen. Die Integration in Bremen fiel Alberto dagegen nicht schwer. Mit Diego und Hugo Almeida hatte er schon beim FC Porto zusammen gespielt. Und auch seinen Landsmann Naldo kannte er bereits persönlich. Alberto: „Wir sind alle gute Freunde."

Foto: imago

Foto: Getty Images

Produktive Torfabrik

Sie hat viele Mitarbeiter: die Werder-Torfabrik. Einer der wichtigsten ist Hugo Almeida (hier bei seinem Flugkopfball-Treffer gegen Karlsruhe, li.). Aber auch Clemens Fritz gehört dazu. Zwar ist der gelernte Angreifer mittlerweile in erster Linie damit beschäftigt, den eigenen Kasten sauber zu halten. Doch wie alle Defensivspieler der Grün-Weißen schaltet sich der Außenverteidiger, der auch im Mittelfeld spielen kann, immer wieder mit in die Offensive ein. Insgesamt 16 der 22 eingesetzten Feldspieler erzielten in der Saison 2006/07 einen Treffer – ein Rekordwert. Kein anderer Bundesligist war torgefährlicher.

Foto: imago

Fotos: imago

Hand in Hand

Als Einzelkämpfer kann man im Fußball nichts erreichen – weder auf dem Platz noch an der Seitenlinie. Nach dem Motto ‚vier Augen sehen mehr als zwei' vertraut Cheftrainer Thomas Schaaf deshalb nicht nur in der täglichen Trainingsarbeit sondern auch während der Spiele auf die fachkundige Meinung seines Trainerteams (hier Co-Trainer Matthias Hönerbach). Und für die Spieler (hier Diego und Martin Harnik, li.) gilt auf dem Platz: Nur wenn das Team funktioniert, kann auch jeder Einzelne glänzen.

Teamgeist

Das schweißt zusammen: Wenn das ganze Team fast wie ein Mann geschlossen da steht; wenn nicht einmal mehr das berühmte Blatt Papier zwischen sie passt. Dann gehen sie auf den Platz, Hand in Hand und halten buchstäblich zusammen. Das sind die mitunter magischen Momente, in denen der Mannschaft fast alles zu gelingen scheint. Die Werder-Fans lieben solche Augenblicke, die es in der Vereinsgeschichte schon häufig gab. Wenn alles so richtig zusammen passt, dann kann ein Mythos entstehen – der Werder-Mythos von Wundern, von Spielen, die sie noch umgebogen haben, von nahezu unglaublichen Leistungen, die unsere Erinnerung bestimmen.

Foto: Getty Images

Foto: imago

Reihenweise Spitzen-fußball(er)

Bei Werder gibt es reihenweise Spitzenfußballer. In dieser Freistoßmauer findet sich kein Spieler wieder, der nicht bereits das Nationaltrikot getragen und sich entweder im A-Team seines Landes etabliert hat oder wie Kevin Schindler (großes Foto, 3. v. li.) durch Einsätze in den Nachwuchsmannschaften auf dem besten Weg dorthin ist. Klar, dass Werder auch bei der Europameisterschaft 2008 wieder mit zahlreichen Profis vertreten sein wird.

Sprungbereit

Foto: imago

Im Fokus

Größer konnte die Herausforderung für Christian Vander kaum sein: Im Champions-League-Duell gegen Olympiakos Piräus hütete Werders Nummer zwei den Kasten. Zum ersten Mal seit Anfang April 2006 kam der Keeper bei einem Pflichtspiel der Profis zum Einsatz. Und musste am Ende bei der 1:3-Niederlage drei Mal den Ball aus dem Netz holen. Vander hatte ordentlich gehalten, auch wenn er beim dritten Gegentreffer unglücklich aussah. Drei Tage später ließ Werders Torhüter beim Bundesliga-Auftritt in Duisburg nichts anbrennen und verhalf seinem Team zum 3:1-Erfolg.

Foto: Getty Images

Perspektivisch

Für einen Torwart ist es wichtig, möglichst wenig Fehler zu machen. Jede Unsicherheit wird sofort bestraft. Nachlässigkeiten sind schwer wieder auszubügeln.

Nico Pellatz hat in den vergangenen Monaten vieles richtig gemacht. Er verließ seine Geburtsstadt Berlin und kam an die Weser. Regionalliga statt Oberliga, dazu Training mit einem Champions-League-Team – das war eindeutig die bessere sportliche Perspektive. Mit enormer Sicherheit, beeindruckender Konstanz und nahezu fehlerlos hütet der Keeper seit dieser Saison das Tor der U23. Und Pellatz verschaffte seiner Mannschaft wahre Gänsehaut-Erlebnisse: Zwei Strafstöße hielt er beim Elfmeterschießen im DFB-Pokal gegen den FC St. Pauli und hatte damit entscheidenden Anteil am überraschenden Weiterkommen.

Foto: nordphoto

Höhenflug

Hugo Almeida stürmt die Bundesliga. Was der 23 Jahre junge Angreifer, der mit seiner bulligen Statur viel reifer erscheint, bereits in seiner ersten Saison angedeutet hatte, bestätigt er im zweiten Jahr: beeindruckende Dynamik, starkes Zweikampfverhalten, tolle Schussstärke und vor allem enorme Torgefährlichkeit. Fünf Bundesliga-Treffer gelangen ihm in der Spielzeit 2006/07. Nun konnte er bereits am 10. Spieltag diese Bilanz aufweisen.

Mit seinen starken Leistungen bei Werder spielte sich Almeida auch in die portugiesische A-Nationalmannschaft und erzielte dort beim EM-Qualifikationsspiel in Aserbaidschan seinen ersten Treffer.

Foto: imago

Akrobaten und Artisten

Fotos: imago

In Spielfilmen bewundern wir oft halsbrecherisch wirkende Szenen und fragen uns mehr als einmal: Ja, wie haben die denn das gemacht? Heute weiß eigentlich jeder Kinogänger, dass die hoch bezahlten Leinwand-Stars viel zu wertvoll sind, um ihre Knochen tatsächlich zu riskieren. Und das Blut, das im Film fließt, sieht auch nur täuschend echt aus. Ganz anders ist die Szenerie im Fußball: Da geht es echt zur Sache, da wird nichts getürkt, und da sind die Werder-Profis wie hier Markus Rosenberg und Naldo (rechts) ganz allein auf sich gestellt. Mit ihrer Balltechnik, mit ihrer Zweikampfstärke und ihren mitunter artistischen Einlagen. Und ähnlich wie im Kino bleibt bei manchen Szenen im Stadion den Fans nur eines: staunende Bewunderung.

Foto: Getty Images

Foto: imago

Kunststückchen

Nur in der Tabelle geht es geradeaus – direkt nach oben oder – leider – auch nach unten. Auf dem Platz dagegen können die Männer in den grün-weißen Trikots häufiger abrupte Richtungsänderungen erleben, manchmal mehr als ihnen lieb ist. Da wird wie wild durch die Luft geflogen (wie hier Jurica Vranjes), und die Fans hoffen, dass es keine Bruchlandung gibt.

Oder Boubacar Sanogos ‚Radar-Augen' versuchen, blitzschnell dem heran rasenden Spielgerät Informationen über Drall und Geschwindigkeit zu entlocken, damit sein Fuß angemessen parieren kann. Und damit nach Möglichkeit der Gegner von einer plötzlichen Wendung überrascht wird. Geschwindigkeit ist wahrlich keine Hexerei. Sondern professionell. Wie bei Werder.

Konstant und elegant

Innenverteidiger Naldo ist ein fußballerisches Phänomen: Ob im Kopfballduell, beim geschickten Tackling, bei seinen gefürchteten Freistößen oder wenn es darum geht, den Ball in ungewöhnlichen Spielsituationen wie auf diesem Foto zu verarbeiten – stets bewahrt der Brasilianer nicht nur die Ruhe sondern auch seine ganz eigene spielerische Eleganz. Und er steht für Konstanz und Zuverlässigkeit: Nur vier Bundesliga-Partien und ein Champions-League-Spiel verpasste Naldo in seinen ersten beiden Spielzeiten bei den Grün-Weißen.

Foto: imago

Freud und Leid

Es war ein beeindruckendes Comeback: Gegen Arminia Bielefeld stand Peter Niemeyer zum ersten Mal in der Saison 2007/08 in der Startelf und ebnete mit einer starken Leistung und seinem sehenswerten Treffer zum 1:0 den Weg für den 8:1-Rekordsieg der Grün-Weißen. Dem emotionalen Höhepunkt seiner bisherigen Werder-Zeit folgte jedoch schon 16 Minuten später ein Tiefschlag. Bei einem Pressschlag verletzte sich der ehemalige U-21-Nationalspieler, musste ausgewechselt werden und längere Zeit pausieren.

Wie man sich nach einer Verletzungspause wieder ins Team zurück kämpft, davon kann auch Mannschaftskapitän Frank Baumann (re.) ein leidvolles Lied singen. Eines der aktuellsten Kapitel: der Nasenbeinbruch beim Champions-League-Spiel in Rom.

Foto: nordphoto

Foto: imago

Wieder mittendrin

Mehr Gänsehaut-Feeling geht nicht: Als Ivan Klasnic mit Werders U 23 das Weser-Stadion betrat, um gegen den FC St. Pauli um den Einzug ins DFB-Pokal-Achtelfinale zu kämpfen, mussten nicht nur viele Fans mit Freudentränen kämpfen. „Ich hätte heulen können", gab Klasnic später zu. 67 Minuten lang stand er auf dem Platz – mehr als 300 Tage waren seit seinem letzten Pflichtspieleinsatz für Werder vergangen.

Es war die erste Rückkehr eines Fußball-Profis in Deutschland nach Transplantation einer neuen Niere. Auch nach dem heutigen Stand der Medizin alles andere als selbstverständlich. Für viele ein größeres Werder-Wunder als alle Fußball-Spiele, die bisher mit diesem Attribut in den Annalen geführt werden. Dass Klasnic (unter anderen an der Seite von Jung-Profi Max Kruse, Foto re. oben) mit einer guten Leistung zum Überraschungserfolg des Nachwuchs-Teams beitrug und damit für Jubelstürme an der Weser sorgte, passte zu diesem emotionalen Abend.

Foto: imago

Foto: Getty Images

Foto: imago

Foto: imago

Immer in Action

Laufen, springen, spielen – Spaß haben? Ganz so lustig wie es auf diesen Fotos aussieht, ist der Trainingsalltag eines Werder-Profis natürlich nicht. Aber das eine oder andere auszuprobieren, das geht selbstverständlich. Oder ist vielleicht sogar notwendig. Schließlich gibt es in vielen großen Unternehmen die Stabsabteilung ‚Forschung und Entwicklung' – warum nicht auch bei Werder?

Und so sieht die spielerische Vorbereitung von Per Mertesacker, Clemens Fritz, Patrick Owomoyela oder Naldo (von links) auf den Ernst der großen Pflichtspiele eben mitunter wie eine Versuchsreihe unter freiem Himmel aus. Und das ist das Training streng genommen auch: die Möglichkeiten auszuloten, wie man den anderen Teams am erfolgreichsten begegnet.

Foto: imago

Foto: nordphoto

Mit Nachdruck

Leon Andreasen ist enorm ehrgeizig, tut alles dafür, um sich bei Werder durchzusetzen und stellte sich dafür sogar einige Monate lang in den Dienst eines anderen Clubs: Beim FSV Mainz 05 sammelte der ausgeliehene Däne in der Rückrunde der Saison 2006/07 Spielpraxis, schlüpfte schon nach kurzer Zeit in die Rolle eine Führungsspielers und deutete an, dass er das Zeug hat, auch seinen Stellenwert bei den Grün-Weißen zukünftig weiter zu verbessern. Dass er daran mit Nachdruck arbeitet, bewies Andreasen nach seiner Rückkehr zu Werder mit engagierten Leistungen, bei denen sowohl seine dynamische Spielweise als auch seine Torgefahr aufblitzten.

Foto: Getty Images

Herzerfrischend

Alle gönnten John Jairo Mosquera diesen Auftritt von ganzem Herzen. Bei seinem ersten Pflichtspiel für Werder benötigte er nach seiner Einwechslung nur sieben Minuten, um den Ball geschickt zum 4:0 ins Netz zu schlenzen. Ein toller Moment, in dem ‚Mosqui' „an meine Familie, an Freunde und an Gott gedacht" hat.

Der junge Angreifer war in der Saison 2005/06 aus Kolumbien nach Bremen gekommen und hatte leihweise für das dänische Team SønderjyskE und Wacker Burghausen gespielt. Im Sommer erlitt er während eines Probetrainings beim FC Carl Zeiss Jena einen Schwächeanfall mit anschließendem Herzstillstand.

Fotos: imago

Kompetentes Team

Werder Bremen lässt niemanden im Regen stehen… Neben Cheftrainer Thomas Schaaf arbeiten die beiden Co-Trainer Matthias Hönerbach und Wolfgang Rolff sowie Torwart-Trainer Michael Kraft (Foto re. unten, v. re.) mit den Profis. So ist es unter anderem möglich, bei Bedarf mit Spielern individuell zu arbeiten, auf aktuelle Trainingssituationen umgehend angemessen zu reagieren und jeder Zeit kompetent alle notwendigen Spiel- und Spielerbeobachtungen durchzuführen. Ein engagiertes und eingespieltes Team – auch in diesem Bereich eine Stärke von Werder Bremen.

Foto: Getty Images

Foto: Getty Images

Foto: nordphoto

Hut ab …

… vor diesen internationalen Auftritten! Hand in Hand arbeiten Geschäftsführer Klaus Allofs und Cheftrainer Thomas Schaaf an der stetigen Weiterentwicklung der Mannschaft. Vier Mal in Folge führten sie Werder Bremen in die Champions League und etablierten den Club als festen Bestandteil der europäischen Königsklasse.

Fotos: nordphoto

Werder Bremen Partner

WERDER BREMEN

SPONSOREN-POOL
SAISON 2007/2008

citibank
HAUPTSPONSOR

Kappa
TEAM-AUSRÜSTER

BELUGA SHIPPING
TOP-SPONSOR

InBev · DB Mobility Networks Logistics · EWE TEL
Coca-Cola · VILSA Brunnen · Könecke Prima Wurst.
CO-SPONSOREN

KRAFT · RENO Mode, Marken und mehr. · CAPAROL · DERBYSTAR The Ball
PARTNER-SPONSOREN

HOL'AB! Getränke Markt · BAUHAUS · Deutsche ProVentus AG · MEYERHOFF · BELUGA SHIPPING
Basler Versicherungen · EWE TEL · swb · Hit-Radio antenne · Egbert WILTS Grosshandel · OHB Technology
TEAM 11-SPONSOREN

CINEMAXX Der Filmpalast · CONRAD · OLT · AOK Die Gesundheitskasse. · ROY ROBSON
REGIO-SPONSOREN

Mercedes · taxofit Vitamine + Mineralien · sebamed · COMKOPIE · d.velop · DERBYSTAR The Ball · uhlsport · LANGNESE
SUPPLIER

Ausgezeichnet und weltweit führend

Die Citibank ist weltweit die führende globale Privatkundenbank. Sie gehört zum US-Finanzdienstleister Citi, der seinen Hauptsitz in New York hat. Die Deutschland-Zentrale der Citibank Privatkunden AG & Co. KGaA befindet sich in Düsseldorf.

Die Citibank ist im Privatkundengeschäft in drei Geschäftsbereichen tätig: Kredit, Kreditkarten und Vermögensberatung. Rund 6.800 Mitarbeiter sind in Deutschland bei der Bank beschäftigt. Weit über die Hälfte davon arbeitet direkt in der Kundenberatung, also in einer der rund 340 Filialen und Vertriebsstellen in Deutschland.

Die Citibank erhielt 2007 zahlreiche Auszeichnungen. So zeichnete das Magazin ‚Euro' die Citibank im April 2007 als ‚Deutschlands beste Filialbank' aus. Darüber hinaus erzielte die Citibank in einer Studie der ‚Corporate Research Foundation' den zweiten Platz und erhielt die Auszeichnung ‚Top-Arbeitgeber Deutschland 2007'.

Die Citibank engagiert sich bei Werder Bremen, weil der Verein sportlich erfolgreich und finanziell sehr solide geführt wird. Das passt zur Citibank. Werder Bremen hat in den vergangenen Jahren konstant, unaufgeregt und sehr erfolgreich gearbeitet sowie darüber hinaus kontinuierlich die Marke weiter entwickelt. Zudem wird moderner, attraktiver Fußball gespielt, und junge Spieler werden gefördert. Deshalb unterstützt die Citibank als Hauptsponsor Werder Bremen.

Neben zahlreichen weiteren Aktionen stellt die Citibank bei jedem Heimspiel 500 Euro für die Wahl zu Werders ‚Citibank Man of the Match' zur Verfügung. Die anwesenden Journalisten wählen jeweils den aus ihrer Sicht besten Spieler der Grün-Weißen. Mehrmals fiel dabei die Wahl in der Hinrunde 2007/08 auf Diego. Nach der Partie gegen Bayern München überreichte Sue Harnett (Vorstandsvorsitzende der Citibank) persönlich den Ehrenwimpel und den symbolischen Scheck. Diego stellte den Betrag seiner Stiftung ‚Gol Amigo' zur Verfügung.

citibank

Aus; der Reihe tanzt, wer noch kein Handy hat.
Es gibt viele Gründe, sich für einen Mobilfunkanschluss der EWE TEL zu entscheiden. Attraktive Tarife für jeden Typ, tolle Handys zu günstigen Preisen und modernste Features wie MMS-Fotoalbum und UMTS-Services.
Infos unter:
www.ewetel.de oder
0800 0101400
EWE
TEL

Werder Bremen Partner

Water is our element. Shipping is our business. Soccer is our passion.

Ecke, Frachter, Kopfball, Tor. Beluga Shipping und Werder Bremen sind seit langem treu verbundene Partner, was sich bei den Spielen im Weser-Stadion unter anderem in der Präsentation des Eckenverhältnisses samt der auf der Leinwand eingespielten Fahrt des MS ‚Beluga Emotion' widerspiegelt. Der Spot zeigt den Mehrzweck-Schwergutfrachter beim Transport von Hafenkränen – neben Fabrikmodulen, Windkraftanlagen, Transformatoren oder Yachten typische Spezialladung für Beluga. Die Beluga Shipping GmbH zählt zu den weltweit führenden Projekt- und Schwergutreedereien.

Die Leidenschaft für Fußball wurde bereits 1999 ersichtlich: Niels Stolberg, Gründer und Geschäftsführender Gesellschafter, hatte seine Firma Beluga vier Jahre zuvor aufgestellt, als der erste Neubau ausgeliefert wurde: das MS ‚Werder Bremen'. Die Grün-Weißen gewannen im selben Jahr den DFB-Pokal, die Reederei eroberte neue Märkte.

Auf ihren Spielfeldern sind beide Partner infolge eines kontrolliert offensiven Wachstums inzwischen in die Champions League eingezogen. Die Beluga Group mit Stammsitz in Bremen beschäftigt 285 Mitarbeiter in weltweit neun Niederlassungen sowie 1.300 Seeleute an Bord.

Rund 50 Mehrzweck-Schwergutfrachter bietet Beluga für vielfältige Transport-Herausforderungen an. Die Spezialschiffe zeichnen sich durch leistungsstarkes bordeigenes Krangeschirr, flexibel verstellbare Zwischendecks und hohe Dienstgeschwindigkeiten aus. Ein Neuzugang der Flotte ist das MS ‚Beluga SkySails' – das erste kommerziell operierende, umweltschonende Frachtschiff, das mit einem Zugdrachen ausgerüstet ist und durch die Windenergie mit angetrieben wird.

BELUGA SHIPPING

KAPPA und Werder: eine hautnahe Beziehung

Bereits seit acht Spielzeiten ist KAPPA der offizielle Ausrüster von Werder Bremen. Der Erfolg der langjährigen Partnerschaft ist in der engen und konstruktiven Zusammenarbeit bei der Entwicklung der Spiel-, Trainings- und Freizeitausstattung begründet.

Auffällig waren schon im Jahr 2000 die außergewöhnlich innovativen Designideen und die körperbetonte Schnittform der Trikots, die im Laufe der Partnerschaft stetig weiterentwickelt wurden. Mit der nun siebten Evolutionsstufe der Werder-Trikots mit dem bezeichnenden Namen ‚Kool Kombat' zählt dieser Artikel bei den Fans zu den begehrtesten Sammlerobjekten. Bis mindestens zum Ende der Saison 2008/2009 werden Werder und KAPPA diesen Weg gemeinsam weitergehen und für die nächsten Spielzeiten wieder spektakuläre Spiel- und Trainingsoutfits entwickeln, die den hohen Spiel- und Designansprüchen gerecht werden.

Die Sportmodemarke KAPPA wurde 1967 in Italien gegründet. Das weltweit bekannte Firmenlogo entstand bei einem Fotoshooting, als sich zwei Models, Rücken an Rücken sitzend, vom Studiostress erholten. Heute steht dieses Logo symbolisch für die gegenseitige Fairness und Anerkennung im Sport und bei den alltäglichen Herausforderungen. Als weltweit agierende Sportmodemarke setzt sich KAPPA für diese positive Grundhaltung ein, die mit dem Slogan „Bleib sportlich" bzw. „be a good sport" kommuniziert wird.

OFFIZIELLER AUSRÜSTER Kappa

Coca-Cola und Werder Bremen – starke Partner

Coca-Cola und Werder Bremen bleiben auch in den kommenden drei Jahren ein starkes Team. Die Coca-Cola Erfrischungsgetränke AG und die Grün-Weißen haben einen neuen Sponsorvertrag bis zum Jahr 2010 unterzeichnet. Als Co-Sponsor bleibt Coca-Cola einer der wichtigsten Werder-Förderer. Neben der Lieferung alkoholfreier Getränke im Weser-Stadion beinhaltet der Vertrag auch besondere Aktionen für die Fans.

„Werder gehört zu den Top-Adressen des deutschen und internationalen Fußballs", sagt Wolfgang von Rohden, Coca-Cola-Geschäftsleiter Bremen. „Wir freuen uns, dass wir unsere langjährige Partnerschaft mit Werder auch in den kommenden Jahren fortsetzen. Gleichzeitig ist unser Sponsoring von Werder Bremen ein wichtiger Teil unseres Engagements in der Region."

Coca-Cola und Fußball – das ist eine starke Partnerschaft mit langer Tradition. Schon für die erste Fußball-WM im Jahre 1930 in Uruguay lieferte Coca-Cola alkoholfreie Getränke. Bei der FIFA WM 2006 gehörte Coca-Cola zu den Hauptsponsoren. Die Kooperation mit dem Deutschen Fußball-Bund (DFB) läuft seit mehr als 25 Jahren. Die Partnerschaft mit der FIFA wurde sogar bis 2022 verlängert.

Dabei steht Coca-Cola Deutschland nicht nur für das Engagement im Spitzensport. Auch im Amateur-, Jugend- und Nachwuchsbereich ist das Unternehmen Partner des Sports. In Bremen unterstützt Coca-Cola zum Beispiel den Bremer Fußball-Verband. Wolfgang von Rohden: „Ich wünsche Werder Bremen und seinen Fans eine weiterhin tolle Saison und freue mich auf die Zusammenarbeit in den kommenden Jahren."

Coca-Cola

EWE TEL – starker Partner rund um Telefonie und Internet

Ob zu Hause oder unterwegs – die Spieler und die Geschäftsstelle von Werder Bremen nutzen schon seit 2001 die Dienstleistungen der EWE TEL GmbH. Denn der Sponsor und Telekommunikationspartner von Werder Bremen ist Profi in Sachen DSL, Festnetz und Mobilfunk.

Gestartet mit vier Mitarbeitern im September 1996, hat EWE TEL mit Sitz in Oldenburg eine überaus dynamische Entwicklung vollzogen und ist mit 955 Mitarbeitern heute ein wichtiger Arbeitgeber in der Region. Zu EWE TEL gehört auch die starke Bremer Marke nordcom.

Als eines der größten regionalen Telekommunikations-Unternehmen Deutschlands bietet EWE TEL Direktanschlüsse in vielen Städten in Niedersachsen, Bremen und Brandenburg an. Das Angebot reicht über Datenfestverbindungen und Internetdienste bis zu Mobilfunkangeboten und Netzwerklösungen. Der Full-Service-Anbieter (DSL, Festnetz und Mobilfunk) ist inzwischen für mehr als 318.000 Kunden – davon circa 30.000 Geschäftskunden – die Alternative in der Region.

Die enge Verbundenheit zwischen Werder Bremen und EWE TEL spiegelt sich auch in der räumlichen Nähe der Partner wider: Rund 100 EWE TEL-Mitarbeiter arbeiten im westlichen der vier Bürotürme direkt am Bremer Weser-Stadion.

EWE TEL

Werder Bremen Partner

Deutsche Bahn AG – Partner des Fußballs und seiner Fans

Seit dieser Saison ist die Deutsche Bahn AG offizieller Mobilitäts- und Logistikpartner von Werder Bremen. Nach den Engagements als Premium-Partner bei Eintracht Frankfurt (seit 2002) sowie als Haupt- und Trikotsponsor bei Hertha BSC Berlin (seit 2006) ist Werder Bremen der dritte Erstligist, den die Deutsche Bahn AG unterstützt.

Die Deutsche Bahn AG ist natürlicher Partner des Fußballs, denn viele Fußballfreunde schätzen das umweltfreundliche und komfortable Reisen in den Zügen der DB zu den Heim- und Auswärtsspielen ihrer Clubs. Auch für zahlreiche Profi-Teams der ersten und zweiten Fußball-Bundesliga ist die 1. Klasse der modernen ICE erste Wahl für ihre Auswärtsspiele.

Mit dem Engagement bei Werder bringt die Deutsche Bahn AG den Fußballinteressierten näher, dass der Konzern „mehr ist als Bahnfahren". Die auch über die Bande im Weser-Stadion transportierte Positionierung ‚Mobility Networks Logistics' steht für die Deutsche Bahn AG als integrierter, international erfolgreicher Mobilitäts- und Logistikdienstleister. Dieses breite Leistungsspektrum bringt der Konzern auch in die Partnerschaft mit Werder ein – allen voran attraktive Angebote für die Mobilität von Menschen und Gütern.

DB Mobility Networks Logistics

VILSA Mineralwasser – Lebendig. Nordisch. Frisch

Statistisch gesehen trinkt jeder Bundesbürger jedes Jahr 128 Liter Mineralwasser – Tendenz steigend. Der Pro-Kopf-Verbrauch lag vor ca. 30 Jahren nur bei 12,5 Litern im Jahr, heute trinkt jeder Mensch durchschnittlich mehr als die zehnfache Menge. Der Grund dafür ist das wachsende Gesundheitsbewusstsein. Heute weiß jeder Erwachsene, dass er am Tag mindestens zwei Liter Mineralwasser trinken sollte.

Die Entscheidung, welches Mineralwasser man trinkt, ist für die Gesundheit, das persönliche Wohlbefinden und nicht zuletzt auch für die Leistungsfähigkeit sehr wichtig. Werder hat sich bei der Wahl seines Mineralwassers für VILSA entschieden. VILSA zeichnet sich dabei durch einen besonders milden und frischen Geschmack aus, was es den Spielern leicht macht, die Flüssigkeit, die sie beim Training oder im Spiel verlieren, direkt wieder auszugleichen.

VILSA, mehrfach in verschiedenen Tests der Stiftung Warentest und Öko-Test mit der Note ‚sehr gut' beurteilt, bietet Werder auch die Sicherheit der höchsten Qualität für beste Leistungen. Der Mensch besteht aus bis zu 80 % Wasser. Damit ist in 100 % Werder auch viel VILSA enthalten! VILSA engagiert sich seit über zehn Jahren bei Werder aus Überzeugung und mit einer Prise Enthusiasmus. Deswegen behaupten wir auch mit Stolz, dass in 100 % VILSA auch viel Werder steckt.

VILSA BRUNNEN

Prima Wurst und super Fußball gehören zusammen

Wenn das Weser-Stadion seine Tore öffnet, empfängt die Fans neben der einzigartigen Atmosphäre, die die Heimspiele in Bremen ausmacht, auch der unwiderstehliche Duft der Original Könecke Werder-Bratwurst. Nicht nur in der Halbzeitpause sieht man die Anhänger beider Mannschaften geeint bei dem Genuss der Werderaner Fußball-Wurst, deren spezielle Rezeptur eigens für die Fans von Werder entwickelt wurde.

Bereits 1997 beschloss Könecke, dass prima Wurst und super Fußball in Bremen eindeutig zusammen gehören und ist daher seit zehn Jahren offizieller Sponsor von Werder. Und dass der Bremer Wurstspezialist noch mehr als die Werder-Bratwurst kann, wissen nicht nur Fußball-Fans von der Weser. Fast in jedem deutschen Supermarkt finden sich Könecke-Artikel: Egal, ob es das Wiener-Würstchen im Glas, die Putenwürstchen für den Grill, das Nackensteak in Kräutermarinade oder die Mortadella im Kühlregal sind. Auch im Ausland ist Könecke-Wurst auf den Broten und bei Grillfesten beliebt. Das ist so, weil der Name Könecke für gute Qualität steht. Alle Werke werden regelmäßig nach internationalen Qualitätsansprüchen geprüft und für gut befunden: halt einfach prima Wurst! Auf super Fußball im Weser-Stadion freuen wir uns gemeinsam mit allen anderen Fans auch im nächsten Jahr und wünschen viel Erfolg!

Könecke

Echt Werder: Haake-Beck

Echtheit, Ehrlichkeit und Authentizität – dafür steht die Marke Haake-Beck. Sie zeichnet sich vor allem durch die traditionell enge Verbundenheit zur Region Bremen/Weser-Ems aus. Zum Produktportfolio von Haake-Beck gehören das feinherbe und frische Pils, die Spezialität Kräusen, das samtig herbe Export sowie Edel-Hell als milde Alternative, die saisonale Spezialität Maibock und Haake-Beck Alster mit dem Geschmack von frischen Zitronen. Seit Januar 2007 ergänzt Haake-Beck 12 – das neue Bier von Fans für Fans – das Sortiment.

Werder Bremen und Haake-Beck verbindet eine langjährige Partnerschaft. Die Marke ist, wie der Verein, im Norden zu Hause. Beide stehen für Emotionen, Glaubwürdigkeit, Tradition und Erfolg. Pünktlich zum Saisonstart 2007/2008 wurden drei Werder-Fankneipen eröffnet. Die ausgewählten Gastronomiebetriebe (‚Marktvier' in Vechta, das ‚Stroaten Ornd' in Dinklage und der ‚Stedinger Hof' in Bookholzberg) dürfen sich seit dem 11. August 2007 als offizielle Werder-Fankneipen bezeichnen. Das bedeutet, dass sie ein extra angefertigtes Logo und spezielle Werbemittel einsetzen können, zudem werden die Gastronomen bei diversen Veranstaltungen rund um die Spieltage von Werder Bremen und Haake-Beck unterstützt.

HAAKE BECK

Werder Bremen Partner

Hier sind wir grün-weiß: swb und Werder Bremen

Bei jedem Werder-Spiel im Weser-Stadion ist swb mit dabei. Und zwar nicht nur mit Energie und Wasser, sondern auch als langjähriger Partner des Vereins. Das ist ganz normal für ein Energieunternehmen, dessen eigene Bremer ‚Vereinsgeschichte' bis 1854 zurückreicht.

Bremen ist zusammen mit und durch die swb gewachsen und lebt bis heute ganz selbstverständlich mit der sicheren und im Bundesvergleich preiswerten Energieversorgung. Ebenso selbstverständlich ist im Umkehrschluss für swb das breite Engagement vor Ort für Sport, Kultur und Bildung.

Bremen ist für swb eben kein abstrakter ‚Marktbereich' oder ein ‚Kundensegment', sondern das Zuhause des Unternehmens. swb hängt aus vollem Herzen an Stadt und Land Bremen und damit natürlich auch an Werder. Und so ist das swb-Sponsoring bei Werder keine nüchtern kalkulierte Marketingmaßnahme, sondern Ausdruck einer persönlichen Verbundenheit mit dieser Stadt und ihren Menschen. swb steht für weit mehr als reine Energieversorgung. swb steht für Bremen ein.

swb

Mehr Fitness und Ernährungsbewusstsein bei Kindern

Den perfekten Doppelpass spielen Werder Bremen und Kraft Foods Deutschland im Rahmen der Werder-Initiative ‚100 Schulen – 100 Vereine'. Dabei verfolgen die beiden Partner ein gemeinsames Anliegen: die Förderung der Gesundheit von Kindern und Jugendlichen durch Bewegung und ausgewogene Ernährung. Ganz im Zeichen des sportlichen Wettbewerbs stand dabei 2007 die Aktion ‚100 % fitte Schule' in Kooperation mit der AOK. Laufdiktat, Sportabzeichen und ein Ernährungsquiz sind nur einige Beispiele, wie mit sportlichen und ernährungsrelevanten Projekten Punkte gesammelt wurden. So können ab sofort zehn Schulen aus Norddeutschland den Titel ‚100 % fitte Schule' führen.

Ein weiterer Bestandteil der gemeinsamen Kooperation bildet eine bei Werder veranstaltete Fortbildungsreihe, die sich an Lehrer und Trainer richtet. Dabei werden praktische Einblicke für Training und Sportunterricht gegeben sowie wichtige Aspekte aus der Ernährungslehre vermittelt.

Das Engagement von Kraft Foods für einen ausgewogenen Lebensstil richtet sich aber nicht nur an öffentliche Partnerschaften. Es umfasst auch die Unternehmensbereiche Produktentwicklung und Marketing. So arbeitet Kraft Foods kontinuierlich daran, die Nährwertprofile seines Sortiments zu verbessern, Konsumenten mehr Nährwertinformationen und Ernährungstipps auf Verpackungen und im Internet zur Verfügung zu stellen und verantwortlich im Umgang mit Marketingaktivitäten zu sein.

KRAFT Kraft Foods

MERCEDES – der Schuh für den besonderen Fuß

Seit der Saison 2006/07 ist die Schuhmarke MERCEDES ‚Offizieller Herrenschuh-Ausrüster von Werder Bremen' und trägt somit zum starken Auftritt der Spieler bei.

Die traditionsreiche, deutsche Schuhmarke wurde Ende 2005 von der aus den Schuhhandelsunternehmen Hamm und RENO hervorgegangenen HR Group erworben. Bereits seit 1909 werden hochwertig verarbeitete elegante Herren- und Business-Schuhe unter dem Namen MERCEDES hergestellt. Die HR Group vertreibt MERCEDES national und international im Schuhfachhandel, bei RENO sowie in Kauf- und Warenhäusern und wird die Marke mit Engagement zum Synonym für hochwertige, preislich attraktive Herrenschuhe mit hoher Passform und exzellentem Tragekomfort etablieren.

Die HR Group kann mit RENO bereits auf eine erfolgreiche Zusammenarbeit mit Werder Bremen zurückblicken. Als Hauptsponsor mit der Marke ‚Young Spirit' durften die HR Group und die Mannschaft der Grün-Weißen in der Spielzeit 2003/04 die deutsche Meisterschaft und den Gewinn des DFB-Pokals feiern.

Wie die Profis von Werder ist auch die HR Group positiv gestimmt in die Saison gestartet und ist sich sicher, mit MERCEDES einen vorderen Tabellenplatz bei den Endverbrauchern zu erreichen.

Mercedes®

Passt perfekt zusammen: Werder Bremen und ROY ROBSON

Beim Fußball muss Einiges zusammen passen: Die Abwehr, das Mittelfeld und der Angriff. Das Wichtigste ist jedoch das große Ganze, die Mannschaftsleistung und ein guter Teamgeist – wie bei Werder Bremen.

Ähnlich ist es in der Mode. Ein Anzug sitzt nur dann perfekt und sieht klasse aus, wenn alle Komponenten zusammen passen. Ein einzelnes Sakko wird beispielsweise aus 154 Einzelteilen zusammen gesetzt, die dann ein Gesamtbild ergeben. Das Know-how bei der Männermodemarke ROY ROBSON basiert auf der jahrzehntelangen Erfahrung in der Herstellung von Kleidung. Seit über zehn Jahren profitiert auch Werder Bremen davon und arbeitet mit dem Unternehmen ROY ROBSON als offiziellem Businessausstatter zusammen.

Geschäftsführer Klaus Allofs und eine Werder-Delegation machen sich die jährliche Auswahl der neuen Outfits nicht leicht, denn die Anzüge müssen sowohl die Sportler als auch die Geschäftsführer gleichermaßen gut kleiden. In dieser Saison haben sie sich für einen modern geschnittenen dunklen Anzug mit leichten Streifen in Kombination mit einem schlanken weißen Hemd und einer unifarbenen Krawatte in der typischen grünen Vereinsfarbe entschieden.

ROY ROBSON

Alles für den Fan im Weser-Stadion

Anne-Kathrin Laufmann
Sozialmanagement

Wuseum
Werder Bremen Museum

Das Werder-Museum
Öffnungszeiten:
täglich 10.00 – 17.45 Uhr
(an Spieltagen bis 1 Stunde vor Spielbeginn)

Eintrittspreise:
- Vollmitglieder 2,50 € (erm. 1,25 €)
- Fördermitglieder 4,00 € (ermäßigt 2,00 €)
- Nichtmitglieder 5,00 € (ermäßigt 2,50 €)
- Ermäßigungen (bei Nachweis mit gültigem Ausweis): Jugendliche bis 18 Jahre, Auszubildende, Wehrdienstleistende, Schüler, Studenten, Schwerbehinderte, Arbeitslose

Stadionführungen

(inkl. WUSEUM)
Marika Diesing
Franz-Böhmert-Straße 1 c
28205 Bremen
Anmeldung:
Tel.: 0180 5 – 937 337
Fax: 04 21 – 49 05 06
E-Mail: info@werder.de

Marika Diesing
Sozialmanagement, Stadionführungen

Anfahrt

Mit öffentlichen Verkehrsmitteln

Ab Hauptbahnhof: Richtung Sebaldsbrück (Straßenbahnlinie 10); ab Stadtmitte: Richtung Weserwehr (Linie 2 und 3); Sonderbusse aus allen Stadtteilen (Eintrittskarte = Fahrausweis).

Mit dem Auto

(A 1) Aus Richtung Hamburg: Ausfahrt Hemelingen; aus Richtung Osnabrück: Ausfahrt Arsten;
(A 27) aus Richtung Bremerhaven und aus Richtung Hannover: Ausfahrt Vahr.
Folgen Sie den Hinweisen und nutzen Sie den Park- and Ride-Service der BSAG (überall gut ausgeschildert).
Siehe Verkehrskonzept, Seite 119

Fanbetreuung

Dieter Zeiffer
Fanbeauftragter

Fanbeauftragter
Dieter Zeiffer
Franz-Böhmert-Straße 5
28205 Bremen
Tel.: 04 21 – 49 80 26
Mobil: 01 72 – 426 92 19
E-Mail: dieter.zeiffer@werder-bremen.de
Fax: 04 21 – 499 95 97
(Sprechzeiten nach Vereinbarung)

Fanzentrum Ostkurvensaal
Veranstaltungsraum mit Aktivitäten von Fans für Fans. Drei Stunden vor jedem Heimspiel treffen sich hier die Fans von Werder Bremen und die Fans des Gastvereins. Nach den Heimspielen: Fußball-News. Werder-Auswärtsspiele werden auf der Großbildleinwand gezeigt. Räumlichkeiten können für Veranstaltungen gemietet werden.
Verantwortl.: Fan-Projekt Bremen e.V.

Fan-Projekt Bremen e. V.
Jugendarbeit mit und für Fans von Werder Bremen
Ansprechpartner:
Manfred Rutkowski, Thomas Hafke, Jens Höhn (Sprechzeiten nach Vereinbarung),
Mädchenarbeit: Susanne Franzmeyer (Sprechzeit: Mi. 17 – 19 Uhr)
Franz-Böhmert-Straße 5
28205 Bremen
Tel.: 04 21 – 49 80 24
Fax: 04 21 – 49 80 25
Internet: www.FanProjektBremen.de
E-Mail: info@FanProjektBremen.de

Dachverband der Bremer Fanclubs
Uwe Jahn
Fleetrade 65, 28207 Bremen
Tel.: 04 21 – 49 80 26
Mobil: 01 72 – 400 10 50

Fanartikel

Werder Bremen Fan-Service GmbH
Petra Stelljes, Geschäftsführung
Auf dem Peterswerder 32
28205 Bremen
Tel.: 01 80 – 532 67 46
Fax: 04 21 – 499 95 97

Bestelladresse:

Werder Bremen Fan-Service GmbH
Auf dem Peterswerder 32
28205 Bremen
Tel.: 01 80 – 532 67 46
Fax: 01 80 – 500 39 68

Verkaufsstelle:

Werder Bremen Fan-Shop
Franz-Böhmert-Straße 1 c
28205 Bremen
Öffnungszeiten: Mo. – Fr.: 9 – 18 Uhr
bei Heimspielen:
Sa.: ab 11 Uhr, So.: ab 15 Uhr
(jeweils bis ca. 1 Stunde nach Spielende, während des Spiels geschlossen)

Anreise zum Weser-Stadion

Die Verkehrswege bei Werder-Heimspielen

Das Gebiet rund um das Weser-Stadion wird bei Heimspielen von Werder Bremen 2 1/2 Stunden vor Anstoß bis nach Spielbeginn für Autos gesperrt (s. Abb.). Ausnahmen gelten nur für Anwohner und ansässige Gewerbetreibende mit Berechtigungsausweis. Die Parkplätze 1 bis 6 am Weser-Stadion sind an den Spieltagen gesperrt. Ausnahme: Inhaber besonderer Parkberechtigungen. Außerdem wird der Osterdeich zwischen Sielwall und Stader Straße bis nach Spielschluss gesperrt.

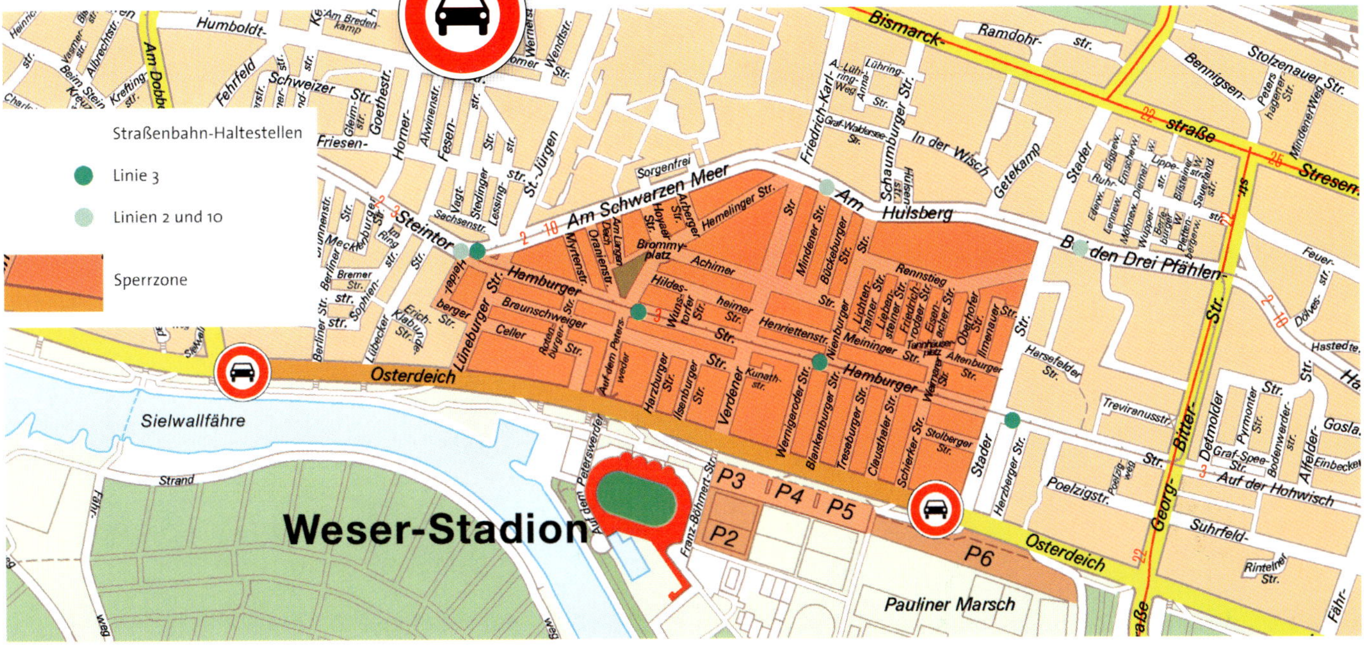

Spielend leicht zum Spiel mit Park + Ride

Für Stadionbesucher mit Autos stehen Park + Ride-Plätze zur Verfügung, insbesondere in der Überseestadt/Hansator und am Hemelinger Hafen, aber auch an den Endhaltestellen der Straßenbahn-Linien 2 und 10. Außerdem fährt die Sielwall-Fähre wie gewohnt vom Parkplatz Kuhhirten über die Weser zum Osterdeich (Park + Ship). Alle Park + Ride-Angebote sind ausgeschildert (s. Abb.).

Kampf gegen Gewalt und Diskriminierung

Werder Bremen, das Fan-Projekt Bremen e. V. und der Dachverband Bremer Fan-Clubs haben ein Programm gegen Gewalt und Diskriminierung entwickelt.

Bisherige Aktion und Maßnahmen sind unter anderen:

- Verpflichtung aller Trainer, Betreuer und Jugendspieler für den FIFA-Ethik-Kodex, der zu Fair-Play, Anti-Gewalt und Anti-Diskriminierung aufruft
- Trainer, Geschäftsführer und Spieler engagieren sich als Schirmherren für Antirassismus-Kampagnen
- Schaffung eines Antirassismus-Forums im Internet bei www.werder.de
- Ausländische Werder-Spieler stellen den Fans ihr Heimatland vor
- Verbot rechtsradikaler Kleidung im Stadion
- Entwicklung eines Werder-Ethik-Kodex gegen Gewalt und Rassismus
- Verteilaktionen von 80.000 Postkarten gegen Rassismus
- Banner der Fans von Werder Bremen gegen Rassismus im Stadion
- Straßenbahnaktion gemeinsam mit dem DFB und dem Bremer Fußball-Verband

Sozialmanagement

Werder Bremen hat bereits in der Vergangenheit immer wieder deutlich gemacht, dass die Buchstaben ‚SV' im Vereinsnamen nicht nur für ‚Sport-Verein', sondern auch für ‚Soziale Verantwortung' stehen. Dass die zum Verantwortungsbereich von Klaus-Dieter Fischer (Geschäftsführer Leistungszentrum Fußball und andere Sportarten der Werder Bremen GmbH & Co KG aA und Präsident des Sport-Verein ‚Werder' v. 1899 e. V.) gehörende Abteilung Sozialmanagement inhaltlich und personell in den letzten Jahren gewachsen ist, ist nur ein äußeres Zeichen dafür.

Beim UEFA-Kongress im Frühjahr 2007 konnte Werder Bremen vor Vertretern aller 54 Mitgliedsstaaten sein Programm vorstellen. Im Mittelpunkt steht dabei das Projekt ‚100 Schulen – 100 Vereine': 100 Schulen und 100 Vereine sind Partner von Werder Bremen. Ihnen werden nicht nur pro Bundesliga-Heimspiel 1.200 Freikarten zur Verfügung gestellt, sondern es wird auch eine Vielzahl von Projekten in Sport, Wirtschaft und Kultur durchgeführt. Lehrer, Trainer und Vereinsmanager werden zweimal jährlich durch Werder fortgebildet. 60 Schulen haben sich im Jahr 2007 am gemeinsam mit den Partnern Kraft Foods und AOK durchgeführten Wettbewerb ‚100 % fitte Schule' beteiligt, durch das 25.000 Schüler und Schülerinnen zu richtiger Ernährung und besserer Bewegung animiert wurden.

Die Einführung eines ‚Kids Club' für Werder-Mitglieder bis zum Alter von zwölf Jahren und eines Clubs ‚60 plus' für Mitglieder, die über 60 Jahre alt sind, sind die Aufgaben der nächsten Jahre, genau so wie die Ausweitung des Projekts ‚100 Schulen – 100 Vereine' auf Kindergärten, Grundschulen, Sozialeinrichtungen und Ausbildungsbetriebe.

Foto: Mac-Fotoservice

Werder Medien

Publikationen

WERDER.de

Der grün-weiße Lesestoff – Vielfalt für alle Werder-Fans

Jede Menge Lesestoff gibt es für alle Fans der Grün-Weißen: Neben dem WERDER-Magazin, das zu jedem Bundesliga-Heimspiel alles Wissenswerte rund um die Partie und viele spannende Hintergrundinformationen zu Werder Bremen bereithält, erscheinen zum Beginn und zum Ende jeder Spielzeit weitere interessante Sonderhefte.

Zur Einstimmung auf die Saison gibt es das Saisoneröffnungs-Magazin mit umfassenden Infos zu allen Spielern des Bundesliga-Kaders. Zum Abschluss der Spielzeit werden alle Spiele, alle Tore und die gesamte Statistik zusammengefasst. Der krönende Ausklang jedes Jahres: das WERDER-Jahrbuch – die packendsten Augenblicke aus zwölf Monaten als sehenswerter Bildband.

Und auch beim Nachwuchs ist immer etwas los: Der Stellenwert des Leistungszentrums und der neuen Frauen-Fußball-Mannschaft der Grün-Weißen wird mit einer eigenen Publikation, dem ‚WERDER junior', unterstrichen.

Neuzugang WERDER.TV verstärkt grün-weiße Online-Präsenz

Werder Bremen macht jetzt auch Fernsehen. Während die Webseiten von WERDER.de wie gewohnt alle Fans und Interessierten rund um den Globus mit Neuigkeiten, Hintergrund- und Service-Informationen versorgen, bietet das neue Angebot WERDER.TV die bewegten Bilder dazu. Egal ob Spielberichte, Aktuelles aus der Woche, Portraits oder Eindrücke aus den Trainingslagern – WERDER.TV ist mit der eigenen TV-Kamera vor Ort. Mehr Nähe geht nicht, kein anderer TV-Sender transportiert das grün-weiße Geschehen so ausführlich. Zu sehen ist alles im Internet unter www.werder.tv auf dem Video-on-Demand-Portal ‚maxdome'.

Darüber hinaus bietet WERDER.de den kompletten Fan-Service an: Live-Spielstände und Live-Tabelle der Bundesliga, kostenloser Podcast über die Grün-Weißen, eine große Palette mit PC- und Handy-Wallpaper sowie Klingeltönen, ein digitaler Postershop, E-Cards und die Möglichkeit, sich eine eigene Werder-Autogrammkarte zu erstellen. Natürlich kann sich im Internet-Fanshop jeder die Fanartikel seiner Wahl bestellen oder im Online-Ticket-Shop Karten sichern.

Seit der Premiere des offiziellen Internetauftritts im Jahr 1996 (damals www.werder-online.de) gehört Werder zu den Vorreitern in diesem Bereich. Die Besucherzahlen schießen seitdem kontinuierlich in die Höhe.

Der Fan-Club in meiner Nähe

Foto: Getty Images

Alle registrierten Werder-Fan-Clubs geordnet nach Postleitzahlen

0

WFC Mitteldeutschland
Christian Seidel
Reideburger Landstr. 3A
06116 Halle (Saale)

Werder-Freunde Mansfelder Land
Jan Dressel
Nordstr. 22
06343 Mansfeld

WFC Affalter
Josef Dührig
Hauptstr. 79
08294 Lößnitz

1

Block 54
Ulrike Balmer
Strausberger Platz 11
10243 Berlin

Egal Wie
Matthias Bettag
Tunnelstr. 36 B
10245 Berlin

Green Hot Spots Bremen
Christian Ludwig
Wühlischstr. 24
10245 Berlin

Fischmob Berlin
Thomas Ahlborn
Frankfurter Allee 134
10365 Berlin

Green Frogs Berlin '92
Mark Heise
Belßstr. 26
12277 Berlin

Wilde 13
Maria Richter
Friedrichsthaler Weg 29
13467 Berlin

MM & die fantastischen 14
Markus M. Heimesaat
Holtzendorffstr. 4
14057 Berlin

Werder-Amigos Teltow-Fläming
Matthias Schulze
Schönhagener Weg 7
14947 Nuthe-Urstromtal

Der Grüne Punkt
Martin Labs
Ferdinandstr. 14
15230 Frankfurt / O.

Green-White Spreewald Boys
Sebastian Kunja
Lubolzer Hauptstr. 64
15907 Lübben

Stahlwerk Greifswald
Ingo Doerfer
Vulkanstr. 23
17489 Greifswald

Güstrower Blasehasen
Florian Bannier
Seestr. 29
18273 Güstrow

WFC Rügen e. V.
Julian Zeitzmann
Apollonienmarkt 9
18551 Sagard / Rügen

Green-White Jokers Schwerin
Steffen Knispel
Adolf-Wilbrandt-Str. 14
19059 Schwerin

WFC Schwerin
Jürgen Lange
Hagenower Str. 61
19061 Schwerin

Elbe-Möwen
Horst Müller
Rathausstr. 15 C
19322 Wittenberge

21

Werders Echte
Swanvid v. Federbaum
Taubenweg 6
21244 Buchholz / Nordheide

Green-White Magics von 1995
Christian Zoller
Fichtenweg 4
21244 Buchholz / Nordheide

Bremer Heidschnucken 05
Jörg Hundt
Fasanenweg 9
21409 Embsen

Hanseaten Gallier
Thomas Schmidt
Berliner Landstr. 30 E
21465 Wentorf

Teufel
Murat Özkan
Holsteiner Str. 44
21465 Reinbek

Stadtmusikanten Hamburg
Jens Stauke-Danielsen
Dorfstr. 17a
21509 Glinde

Weser-Piraten
Nicole Dammann
Harsefelder Str. 27
21614 Buxtehude

WFC Harsefelder Jungs
Christian Thomfohrde
Ampfer Weg 21
21717 Deinste-Helmste

Panther Stade
Thomas Pantel
Schulstraße 3
21717 Deinste-Helmste

WFC Estorf
Stefan Röhricht
Seemoor 1
21727 Estorf

WFC Immertreu Grün-Weiß Hemmoor
Angelika Detje
Am Moor 4
21745 Hemmoor

Weserratten
Verena Schult
Nordwischenweg 3
21776 Wanna

Der Fan-Club in meiner Nähe

23

Werder-Yankees Ostholstein
Thorben Brock
Wiesenweg 10
23738 Thomsdorf

24

Grün-Weiße Helden
Martin Jeß
Bürgermeister-Heldmann-Str. 30
24340 Eckernförde

WFC Neumünster
Udo Tontarra
Bismarckstr. 32
24534 Neumünster

Chevignon Crew
Stefan Arne Schmuck
Rendsburger Str. 257
24537 Neumünster

Vikings Bremen 07
Arne Dircks
Stalloh 4
24876 Hollingstedt

25

Fan-Club Brücke
Florian Witschel
Delbrückstr. 1
25541 Brunsbüttel

Ladies Brunsbüttel
Nadine Wehrsig
Kurt-Schumacher-Ring 63
25541 Brunsbüttel

Die Grün-Weißen Asper
Helge Roeder
Pohlmannstr. 22
25582 Hohenaspe

WFC Invasion
Lars Moritzen
Roggenweg 8
25899 Niebüll

Grün-Weiß Dreamteam NF
Jörg Sönnichsen
Dorfstr. 154 a
25920 Risum-Lindholm

26

Green Törtels Oldenburg
Michael Roth
Kranbergstr. 38
26123 Oldenburg

Wild Cats
Nico Wiggers
Blücherstr. 14
26131 Oldenburg

Königliche Helden Bremen
Nils Raue
Klingenbergstr. 61
26133 Oldenburg

Green-White Diamonds
Rolf u. Conny Schmidt
Warnsweg 35
26135 Oldenburg

WFC Thunder
Axel Aulich
Eekardstr. 5
26135 Oldenburg

WFC Wehnen
Matthias Brunken
Heidkamper Weg 7 B
26160 Bad Zwischenahn

WFC Altenoythe
Jens Husmann
Schubertstr. 51
26169 Friesoythe

WFC Friesoythe
Mathias Meyer
Berberitzenweg 14
26169 Friesoythe

WFC Kante
Michael Kellermann
Barßeler Str. 3
26169 Friesoythe

Oldenburger Werder-Freunde
Peter Eppler
Schulstr. 4
26215 Gristede

Vehneraner Raute
Rolf Deeken
Kampstr. 12
26219 Bösel/Petersdorf

Nordic Crew Bremen '05
Jan-Henrik Maida
Plaggenkrugstr. 10
26316 Obenstrohe

Bockhorner Rolli-Fanclub
Wolfgang Hannig
Lindenstraße 29
26345 Bockhorn

Friesenpower Bockhorn
Günter Möller
Vareler Str. 4
26345 Bockhorn

WFC Inseleck WHV
Thomas Giese
Flutstr. 290
26388 Wilhelmshaven

Weser-Haie WHV
Thomas Giese
Flutstr. 290
26388 Wilhelmshaven

1. Wittmunder WFC
Carsten Holzke
Klusforder Str. 11
26409 Wittmund

Green-White Grizzleys
WHV/OL
Andreas Vogel
Arthur-Eden-Str. 5
26441 Jever

Scharfe Ecke
Oliver Zurek
Hauptstr. 102
26452 Sande

WFC Norderney
Monika Vißer
Lüttje Legde 11
26548 Norderney

Norderneyer Evergreens
Christian Friese
Südwesthörn 20
26548 Norderney

Green Tigers Aurich '04
Patrick Bert
Lienenweg 5
26607 Aurich

KMS Nordsee 05
Jörg Tischer
Seehuser Weg 19
26624 Südbrookmerland

Auricher Fan-Club „Nordlicht"
Gerrit Betten
Brookshörn 18
26629 Großefehn

Werderfriesen
Bernd Reimer
Dwarsende 1
26629 Großefehn

WFC Beach Boys WHV
Christian Helten
Klootschießerring 42a
26639 Wiesmoor

WFC Wiesmoor
Torsten Schoon
Neuer Weg 136
26639 Wiesmoor

Ammerländer Jungs
Sebastian-Matthias Thole
Hans-Sander-Str. 4
26655 Westerstede

Werder-Bullis
Else Wehmeyer
An der Loge 36
26655 Westerstede

Mythos Bremen
Jens Peters
Howieker Str. 2
26655 Westerstede

WFC Werdertubbies
Lena Kollmers
Ankerstr. 42
26676 Barßelermoor

Nordic Stars
Rainer Schönsee
Körmeisterweg 4
26723 Emden

Krummhörn PVC 36
André Meiners
Meester-Hinderks-Str. 31
26736 Hamswehrum

Fan-Club Nordmannen
Alwin Henning
Buschland 10
26736 Krummhörn

WFC Bingum
Thomas Sanders
Albrecht-Janssen-Str. 22
26789 Leer

Fan-Club Nüttermoor
Gerd Lübbers
Deichstr. 250 A
26789 Leer-Nüttermoor

Fan-Club Ossis von 1979
Manfred Kramer
Parallelweg 7B
26789 Leer

Fan-Club Moormerland v. 1980
Dieter Diersmann
Westerwieke 43
26802 Jheringsfehn

Green-White Fanatics Rheiderland
Jörg Geuken
Dorfstr. 160
26826 Weener-Stapelmoorerheide

Goalbusters Dörpen-Emsland
Rainer Poll
Hauptstr. 112
26892 Dörpen

Ems-Auen Rhede
Engelbert Niesmann
Katzenburg 12
26899 Rhede/Ems

Wolder
Gerd Sandten
Rosenstr. 15
26903 Surwold

Werder-Dugs
Sebastian Mentz
Butjadinger Str. 28
26919 Brake

Werder-Gorks
Jörg Meier
Kiebitzring 67
26919 Brake

Punktejäger
Henning Hüneke
Kirchenstr. 199
26919 Brake

Northern Lights HB
Malte Baars
Elbinger Str. 23
26954 Nordenham

Supporters Nordenham
Tobias Maake
Ludwig-Uhland-Str. 10
26954 Nordenham

Wattwürmer on Tour
Christian Onken
Bremervörder Str. 7
26954 Nordenham

Tossens WFC
Uwe Barg
Hauptstr. 11
26969 Butjadingen/Tossens

27

Grüne Wand '07
Nils Dumke
Henstedter Str. 17a
27211 Bassum

Sudwalder Werder-Fans
Ralf Grafe
Erich-Kästner-Str. 8
27211 Bassum

WFC Bassum-Wuisels
Markus Cordes
Tapiauer Str. 14
27211 Bassum

WFC Sulinger Land
Michael Miklis
Gildeweg 11
27232 Sulingen

Green-White Lions Twistringen
Regina Gottwald
Lindenstr. 5
27239 Twistringen

Dauelsen Delirium
Michael Barth
Sachsenstraße 25
27283 Verden-Dauelsen

Assassing
Mario Werner
Schifferstr. 13
27299 Langwedel-Etelsen

Ldarado
Ronald Jakobeit
Elbinger Str. 24
27299 Langwedel

Grün-Weiß Weserbogen Hoya
Markus Finkberner
Ahornstr. 3
27318 Hoya / Weser

Region Bremen
Christian Wolters
Auf dem neuen Lande 16
27327 Martfeld

WFC „Am Blender See"
Sebastian Müller
Im langen Wandel 6
27337 Blender

Rieder Werder-Freunde
Lorenz Irps
Arpsmeyerweg 8
27339 Riede

Huskys
Olaf Lührs
Worther Str. 7
27356 Rotenburg

Berenike Bremen
Michael Schröder
In den Wiesen 18
27404 Rhade

WFC Brüttendorf
Bernd Bockelmann
Rotenburger Str. 1
27404 Brüttendorf

ECHT
HAAKE BECK
OFFIZIELLES WERDER-BIER
BECK BRAUEREI BREMEN
SEIT 1826
HAAKE BECK
Pils
ORIGINAL BRAUEREI-ABFÜLLUNG
ECHT HAAKE-BEC
TREU

Der Fan-Club in meiner Nähe

Iselersheim Supporters Bremen
Patrick Hellmers
Iselerstr. 62
27432 Iselersheim

Green-White Divine Supporters
Torsten Witte
Langenhausen 12
27442 Gnarrenburg

WFC Pirate
Arne von Bargen
Nordende 11
27476 Cuxhaven

Werder-Hornets
Rosemarie Beckmann
Altenbrucher Bahnhofstr. 95
27478 Cuxhaven

Weser-Power Cuxhaven
Jörg Polkowski
Altenbrucher Bahnhofstr. 98
27478 Cuxhaven

Honks Bremerhaven
Robert Pawellek
Ludwigstraße 4
27570 Bremerhaven

Markt-Treff
Magdalene Dolezi
Bülkenstr. 42
27570 Bremerhaven

Fischköppe Bremerhaven
Klaus Dieter Lobitz
Fritz-Reuter-Str. 16
27576 Bremerhaven

Werder-Ritter Bederkesa
Nils Klatt
Langener Grenzweg 33
27607 Langen

Werder Meister e.V.
Matthias Stall
Ziegeleistr. 21c
27607 Langen

Beck'shöveder Werder-Freunde
Swen Hartmann
Ringstr. 18
27612 Loxstedt

WFC Dedesdorf
Rolf Waltemade
Weidenstr. 7
27612 Dedesdorf

Werder-Wölfe Loxstedt
Norbert Gerdes
Düringerstr. 21a
27612 Loxstedt

Eisern Bremen Frelsdorf
Patrick Heinemann
Wollingster Str. 24a
27616 Schiffdorf

WFC Sellstedt
Björn-Torsten Baer
Im Bredenhörn 8
27619 Sellstedt

SEK Fishtown
Michael Tutas
Luisenstr. 9
27676 Bremerhaven

Werder-Fans OHZ
Jens Jungbluth
Bahnhofstr. 80
27711 Osterholz-Scharmbeck

Dead Frogs Bremen Nord
Tobias Klemz
Richard-Oelze-Ring 7
27726 Worpswede

DEL on Tour
Manuel Sendtko
Hasporter Damm 53
27749 Delmenhorst

Banovic Forever
Malte Gefken
Ochtumer Str. 13
27751 Delmenhorst

Habbrügger Werder-Fans
Marten Meyerholz
Habbrügger Furth 7
27777 Ganderkesee

Partyzan Bremen
Martin Wachtendorf
Stettiner Weg 3a
27777 Ganderkesee

Stedinger Werder-Möwen
Rainer Kollmann
Stedinger Str. 61
27777 Bookholzberg

Werder in meo corde
Daniel Jeschke
Reckumer Ring 4
27793 Wildeshausen

WFC Wildeshausen
Michael Uhlhorn
Christine-Teusch-Str. 8c
27793 Wildeshausen

Supporters Hude
Tjalf Schröder
Wilhelmstr. 10a
27798 Hude

WFC „27801"
Ingo Kläner
Schulweg 3
27801 Neerstedt

AVANTI
André Burkert
Georg-Grashorn-Str. 9
27804 Berne

WFC Moorhüpfer Köterende
Uwe von Seggern
Kolberger Ring 35
27804 Berne

Die Werder-Deichgrafen
Jessica Eichelberg
Ritzenbüttler Str. 106
27809 Lemwerder

28

WFC For Ever
Lutz Delzeith
Woltmershauser Str. 274
28197 Bremen

Happy-Crew Bremen
Jan Mahlstedt
Lahnstr. 10
28199 Bremen

Angels '84
Kai Glinkemann
Buntentorsteinweg 96
28201 Bremen

Green Devils Bremen
Ingo Dräger
Kolberger Str. 44
28201 Bremen

Partigiani
Sebastian Krause
Schopenhauer Str. 68
28201 Bremen

Wommels
Wilko Zicht
Sedanstr. 120
28201 Bremen

WFC Afrika
Albert Conteh
Schildstr. 12 - 19
28203 Bremen

Grüne Eule
Phillip Arsenidis
Vor dem Steintor 156
28203 Bremen

Key People
Ole Raatz
Bismarckstr. 41
28203 Bremen

Vikings Achim-Bremen
Mathias Mücke
Besselstr. 90
28203 Bremen

WFC Rahlstedt
Patrick Richter
Am Hulsberg 45
28205 Bremen

Die Treuen von 1980
Uwe Jahn
Fleetrade 65
28207 Bremen

Bombay Werder Wallahs
Andree Kirchner
Joseph-Haydn-Str. 5
28209 Bremen

Kids
Keno Speetzen
Brahmsstr. 22
28209 Bremen

Die schrecklich „Netten"
Frank Peters
Prager Str. 3
28211 Bremen

Wonsters
Christopher Schmidt
Scharnhorststr. 42
28211 Bremen

Fanatics Peine
Stefan Fery
Crüsemannallee 10
28213 Bremen

WFC Hermannsburg v. 1977
Jan-Peter Lipski
Wätjenstr. 48
28213 Bremen

WFC Grün-Weiße Stümper
Christian Woytek
Freudenbergstr. 13
28213 Bremen

Böhse Werder-Onkelz
Björn Schrader
Würzburger Str. 98
28215 Bremen

Green Power Bremen
Florian Böwe
Hemmstr. 145 A
28215 Bremen

Inferno Bierstand (Pöblers)
Felix Burmester
Würzburger Str. 73
28215 Bremen

Psychos HB '92
Sebastian Lebek
Hemmstr. 108
28215 Bremen

Virides Albi Bremenses
Matthäus Stepa
Findorffstr. 106
28215 Bremen

Welt Weit Werder
Sebastian Kintzel
Lohmann-Str. 162
28215 Bremen

Grün-Weiß Pegasus
Frank Zawesky
Johann-Bornemacher-Str. 6
28217 Bremen

Suburbian Devils
Constanze Robbel
Probststr. 14
28217 Bremen

The Wheelers
Thomas Vorberger
Ritter-Raschen-Str. 26
28219 Bremen

Die Schnacker
Christian Maibach
Lübbenstr. 20
28237 Bremen

Sturmmöwen
Holger Busch
Oslebshauser Heerstr. 156
28239 Bremen

Crazy Dogs
Torsten Hölbe
Steller Str. 67
28259 Bremen

Vahraonen
Thomas Breitkopf
Tom-Dyk-Str. 20
28259 Bremen

Kumpels
Björn Urban
Scotlandweg 2
28277 Bremen

Grün-Weiß Solling
Christian Vespermann
Kattenturmer Heerstr. 128
28277 Bremen

Bremer Haie
Michael Schwepe
Egestorffweg 23
28307 Bremen

Green-White Evolution
Sascha Anders
Holtumer Str. 14
28307 Bremen

Werder Supporters
Saskia Kölle
Kellerwaldweg 1
28307 Bremen

Tauben
Klaus Prodehl
Völkinger Str. 21
28309 Bremen

Inferno Bremen
Michael Tiedtke
Bauleuteweg 14
28325 Bremen

Total Grün-Weiß
Ronny Büttner
Armsener Str. 35
28325 Bremen

Diaboli Viridi
Markus Meyer
Am Hollerfleet 8
28355 Bremen

Globetrotter
Heiko Stelter
Bruchwettern 5a
28357 Bremen

SF Springer
Dieter Zeiffer
Kopenhagener Str. 50
28719 Bremen

SPAHLB
Hajo Hayen
An Smidts Park 2
28719 Bremen

Adler
Martina Hayduk
An der Aumunder Kirche 30
28757 Bremen

Fan-Club Bremen-Nord („F-C B-N")
Mario Vagnoni
Schafgegend 35
28757 Bremen

Endless Support Bremen
Florian Evers
Neue Str. 2
28757 Bremen

NEU JAVA MILK CHOC
VOLLMILCH GENUSS
MIT KAKAO AUS JAVA
MAGNUM
36%
CACAO
MAGNUM
ORIGIN
SELECTION

Der Fan-Club in meiner Nähe

Hämangio
Andreas Rohlf
Rominter Str. 12
28777 Bremen

Legion GW
Boris Blödorn
Unterm Berg 83
28777 Bremen

Crusade
Gillis Wischnowski
Bockhorner Weg 61
28779 Bremen

Vegeboys
Michael Bellmer
Schumannstr. 34 B
28790 Schwanewede

Buten Bremer
Rainer Meyerhof
Stuhrreihe 19
28816 Stuhr

Hanseatic League von 1990
Sven Beyer
Michael-Ende-Str. 22
28816 Stuhr

Inferno Stuhr
Mike Friepörtner
Hinterm Tor 2
28816 Stuhr

Oldie-Gang
Erich Schmidt
In den Kämpen 2
28816 Stuhr

Supporters Bremen
Timo Rauer
Weiße Riede 15
28816 Stuhr

BlockBUSTERS
Jens Janßen
Annastr. 30 A
28832 Achim

Key West
Doreen Hastädt
Heidstr. 10
28844 Weyhe

Mafia
Tanno Oetting
Auf dem Geestfelde 37
28844 Weyhe

Weyhe on Tour (WOT)
André Bertram
Schlehenkamp 27
28844 Weyhe

Attacke Mühlenkamp
Alexander Schwarz
Am Fahrenhorster Damm 28
28857 Syke-Ristedt

Burner Bremen
Tammo Becker
Klinkerstr. 18
28857 Syke

Gallier
Marcus Buckner
Zur Siemerei 6a
28857 Syke

WFC Leistungsträger
Arne Grieme
Hügelrose 67
28857 Syke

Werderfans on Tour
Torsten Fröhlich
Gaußstr. 76
28865 Lilienthal

WFC Future
Stefano Troia
Allerstr. 200
28876 Oyten

Hurricanes
Jörg Neuke
Feldstr. 16
28876 Oyten-Bassen

29

Subkultur Bremen
Christoph Zimmer
Rudolf-Virchow-Str. 2
29223 Celle

Green-White Power Celle
André Thies
Krähenbergweg 46
29229 Celle

Beekler Jungens
Florian Denecke
Becklingen 98
29303 Bergen

Die Party-Möwen
Vanessa Lange
Gerdehäuser Weg 12
29320 Hermannsburg

SVW-Supporters
Müdener Jungs
Florina Franz
Am Ginsterbusch 3
29328 Müden

Green-White Hurricanes
Andreas Jacobi
Mühlenstr. 1
29393 Gross Oesingen

WFC Miracle
Thomas Schulze
Dorfstr. 40
29416 Benkendorf

FC Werder Künsche Lucie
(FCWKL)
Dirk Schütte
Am Südhang 1
29439 Lüchow

WFC Nordlichter
Stefan Irro
Fritz-Reuter-Str. 5
29439 Lüchow

Uelzener WFC
Jens Kötke
Bahnhofsweg 4
29525 Uelzen

Grün-Weiße Heidegeister
Marcus Fensky
Aueweg 20
29614 Soltau

Möwen Schneverdingen
Jan Buchholz
Friedenstr. 3
29640 Schneverdingen

Schneverdinger WFC
Martin Völlmecke
Seekamp 34 a
29640 Schneverdingen

Heidjer Fanclub
John-F. Indorf
Stellichte 3
29664 Walsrode

Vier gewinnt
Oliver Feike
Im Hagen 23
29699 Benefeld

3

Boni SC Hannover
Michael Sandow
Ostwender Str. 3 b
30161 Hannover

WFC Incorpore Hannover
Christian Wulf
Vorm Walde 6
30926 Seelze

Hai Noon Alfeld
Hendrik Schrader
Hauptstr. 40
31061 Alfeld

Werder-Möwen v. d. Leine
Jan Scharf
Am Hopfenberg 1
31061 Alfeld (Leine)

Peiner Werder-Freunde
Holger Funke
Triftstr. 5
31249 Hohenhameln/ Mehrum

WFC St. Harber
Helmut Lange
Harberstr. 8
31249 Hohenhameln

Herman and the Funkies
Jan Grundstedt
Burgdorfer Str. 22
31311 Uetze

Nienburger Werder-Freundeskreis
Friedrich-Wilhelm Gallmeyer
Verdener Landstr. 245
31582 Nienburg

Wölpe Green-White
Helmut Bensemann
Hoyaer Str. 8
31582 Nienburg / Weser

Brennende Liebe
André Scheel
Ortstr. 8
31618 Liebenau

Brokeloher Fan-Club
Uwe Gerberding
Brokeloher Dorfstr. 5
31628 Landesbergen

Double U Maniacs
Stemwede
Dennis Latzel
Am Steingrund 9
32351 Stemwede

Werderbus
Reinhard Hodde
Am Schulhof 5
32369 Rahden-Sielhorst

WFC Eingelocht Minden
Sebastian Nordhorn
Neckarstr. 15
32423 Minden

Fisch im Arsch
Sven Strohmeier
Loccumer Str. 31
32469 Petershagen

WFC Minden 12
Henrik Belte
Klappenburg 8
32469 Petershagen

Ösper Jäger
Gerhard Beermann
Galgenleider Str. 18
32469 Petershagen

Werremöwen
Gerhard Blomenkamp
Brinkstr. 16
32584 Löhne

WFC Am Wiehen
Michael Kasche
Oberbauerschafter Str. 201
32609 Hüllhorst

Padermöwen
Sascha Beringer
Gierswall 26
33102 Paderborn

Crazy Popeyes
Benedikt Hurny
Emmausweg 12
33154 Salzkotten

Grüne Welle Gütersloh
Thorsten Kanning
Hölscherweg 27
33415 Verl

Inferno H-CL
Thomas Spiering
Beethovenstr. 7
33442 Herzebrock-Clarholz

Fischkopp-Festung Bielefeld
Sören Swawola
August-Bebel-Str. 5a
33602 Bielefeld

Fishermen Werder
Peter Blecher
Rohrteichstr. 70
33602 Bielefeld

Grüner Stern Schwalm-Eder
Wolfgang Zabbée
Himmelsberger Str. 11
34212 Melsungen

Werder Mighty Ducks
Jan Peter
Frankenberger Str. 3
35094 Lahntal

WFC Mittelhessen
Sascha Keßler
Beltershainer Str. 5
35305 Grünberg

Runes Erben Gießen
Sören Mayer
Pestalozzistr. 44
35394 Gießen

Bremer Fang.
Wetzlar/Frankfurt
Christian Debus
Martinstr. 13
35576 Wetzlar

Aartaljungs
Björn Fischer
Am Gesundbrunnen 32
35649 Niederweidbach

Leine-Weser-Express
Johannes Ohm
Arndtstr. 23
37075 Göttingen

Holzeröder Weser-Recken
Peter Janowitz
Obere Str. 6
37136 Holzerode

Cupfighters Wanfried
Tobias Siebold
Schulstr. 8b
37281 Wanfried

Förster Werder-Freunde
Andreas Weitemeyer
Förster Str. 51
37520 Osterode-Förste

Grün-Weiß Weserbergland
Kai Schmalhof
Kirchstr. 5
37647 Brevörde

Werder-Mönche
Winfried Lüs
Elsterstraße 2
38120 Braunschweig

Werder-Bären
Waldemar Grieger
Am Hamberg 1
38259 Salzgitter

System Steinlah
Arne Helling
Südstr. 1
38275 Steinlah

WFC Eischott
Fabian Kamieth
Rundling 1
38471 Rühen-Eischott

Die grün-weiße Hoffnung
Nedlitz
Matthias Hänsch
Am Eckernkamp 16
39264 Nedlitz

EINER FLOG ÜBER DAS WESERSTADION
DER VODKA MIT BALLGEFÜHL UND WALDMEISTER EXKLUSIV BEI
HOL'AB!
Getränke Markt
NEU!
Der Vodka, der ´nen Vogel hat!
GRÜNKEHLCHEN
Waldmeister-Vodka mit Limette
16% vol
0,7 l
WALDMEISTER-VODKA MIT LIMETTE
Genuss erst ab 18 Jah

Der Fan-Club in meiner Nähe

Wolmirstedter Werder-Fans
Jürgen Neubauer
Wacholderweg 21
39326 Wolmirstedt

Green-White YANKEES Gardelegen
Henry Oeppert
Bahnhofstraße 9
39638 Gardelegen

4

Ewige Treue Niederrhein
Sascha Manz
Obersteiner Weg 18
40229 Düsseldorf

Uerigen Düsseldorf
Sandra Schneider
Grunerstraße 1
40239 Düsseldorf

Pulheimer Werder-Freunde
Steffen Strumpen
Dresdener Str. 6
44139 Dortmund

Lebenslang A1
Markus Skupia
Wachteloh 2
44357 Dortmund

Werder-Mädchen
Katja Bohling
Augustastr. 16
44534 Lünen

Christian Vander FC
Jörg Cirkel
Finkenstr. 35c
44869 Bochum

SEASTORM
Lars Geuken
Borkumstr. 13
45149 Essen

Werder Bremen Devils
Alexander Hubert
Kocherstr. 18
45219 Essen

Hexenland
Jörg Podlesny
An der Dahlenmühle 21
47661 Issum-Sevelen

Werwölfe Münster
Christian Peitsch
Immelmannstr. 48
48157 Münster

Green-White Dynamite
Ansgar Buttermann
Kernbrock 25
48317 Drensteinfurt

Beck´s Street Boys (WAF)
Tobias Köckemann
Dorfbauerschaft 49 a
48346 Ostbevern

Bentheimer Kampftrinker (BKT)
Timothy Laubenstein
Olderstiege 11
48455 Bad Bentheim

Wesertigers Hopsten
Michael Walterskötter
Nordstr. 10
48496 Hopsten

Werderhörnchen
Lars Kerkhoff
Weddigenstr. 44
48527 Nordhorn

Möwenpicker Ochtrup '97
Marc Kuhmann
Bentheimer Str. 59
48607 Ochtrup

LA Werder
Thomas Finnah
Kirchenesch 10
48739 Legden-Asbeck

Ahoi-Crew 05 Osnabrück
Pascal Rückert
Venloer Str. 3
49084 Osnabrück

Na starowje – Südkreis Osnabrück
Gaby Karrenbrock
Widukindstr. 1
49124 Georgsmarien-hütte

Grafen-Power Diepholz
Lars Mester
Glockenheide 31
49356 Diepholz

Langförden Seagulls
Claudia Preuss
Schulstr. 6
49377 Langförden

Werder-Freunde Lutten 1994 e. V.
Uwe Grotelüschen
Allensteiner Str. 10
49377 Vechta

Sanders Krug
Carl Sander
Visbeker Damm 145
49377 Vechta

Werder-Freundeskreis Lohne
Thomas Sieverding
Kronenstr. 10
49393 Lohne

Werder-Eck Lohne
Heiner Rottinghaus
Roggenkamp 12
49393 Lohne

Abfahrt Arsten
Frank Schwermann
Burgstr. 64 a
49413 Dinklage

WFC Wagenfeld e. V.
Alfred Knopp
Schützenstraße 48
49419 Wagenfeld

WFC Falken Steinfeld
Josef Haskamp
Ostring 20
49439 Steinfeld

Greenpower Holdorf
Nils Thörner
An der Bäke 2
49451 Holdorf

Schlüsselkinder Holdorf
Dirk Völkerding
Am Schützenplatz 4
49451 Holdorf

WFC Wetschen
Erich Rempe
Kastanienweg 3
49453 Wetschen

WFC Heidedorf
Tim Lutterbei
Wibbeltstr. 15
49549 Ladbergen

Grüne Raute
Florian Mehmann
Zum Sportplatz 7
49626 Grafeld

Werder-Eck Maiburg
Alexander Schmidt
Restrup 5
49626 Bippen

Cavaliers
Daniel Richter
Dümmerstr. 6
49661 Cloppenburg

Werder Cult 2005
Dirk Niehaus
Bahnhofstr. 22
49661 Cloppenburg

Werder-Wunder Cloppenburg
Matthias Moormann
Zur Börne 6
49661 Cloppenburg

Werder-Füchse
Peter Menke
Kranichweg 8
49685 Emstek

Green-White Fanatics Hemmelte
Johannes Rolfes
Waldweg 9
49688 Hemmelte

Los Bremos Kollegos
André Röckmann
Im Witten 17
49696 Resthausen

Werders Echte Lindern
Guido Lövenich
Tannenwald 14
49699 Lindern

WFC Amigos Pewsum
Ralf Wohlgezogen
An der Torfbahn 3
49716 Meppen

Bexx´s Beauty´s
Jens Neehoff
Neulande 6
49733 Haren

De Emsländer
Dirk Schmidt
Windthorststr. 10
49809 Lingen

Fishbonez Bramsche
Christian Schotte
Estringen 5 B
49811 Lingen

Werder-Wiesel Emsland
Ludger Lesemann
Reiterweg 10
49811 Lingen

Fischköppe Lohne
Thorsten Altendeitering
Boschstr. 8
49835 Wietmarschen

Werder-Freunde Emsland-Süd
Ingo Lüttecke
Bahnhofstr. 1
49838 Wettrup

5

WFC Green Flower Power
Manfred Meier
Berlich 24 A
50259 Pulheim

WFC Aquisgranum
Christiane Spaetgens
Nerscheider Weg 21
52076 Aachen

WFC Heinsberg
Andreas Thebrath
Nirmer Str. 2
52525 Heinsberg

Werder Forever Bonn
Nils Pütthoff
Bornheimer Str. 104
53119 Bonn

Präriefire Wachtberg
Philip Turley
Mehlemer Str. 9
53343 Wachtberg-Niederbachem

Mosel-Werderaner
Alexander Hess
Burgmühlenstr. 27 A
54294 Trier

Werder Prallos Eifel-MoselHunsrück
Christoph Helbing
Bergweg 2
54516 Wittlich

Beck´s Pistols Koblenz
Andreas Leue
Am Alten Schützenplatz 6
56072 Vallendar

Werder-Freunde Siegen
Martin Sondermann
Steinstraße 8
57072 Siegen

Geräucherte Makrelen Siegerland
Christian Hoffmann
Stöckerstr. 7
57074 Siegen

Bergige Bremer Sauerland
Mathias Pape
Finkenweg 2
57392 Schmallenberg

Los Bremos
Kai Post
Schillerstr. 6a
59348 Lüdinghausen

Sauerländer Werder-Freunde
Patrick Wagner
Leipziger Str. 4
59939 Olsberg

6

Bermuda 3eck
Markus Kleinschmidt
Kösliner Str. 2
63110 Rodgau

WFC Aschaffenburg
Sven Winkler
Breslauer Str. 40
63739 Aschaffenburg

Seahawks
Michael Krause
Im Leithersheim 19
64839 Münster/Altheim

Green Mile
Holger Herbert
Gartenstr. 28
64846 Groß-Zimmern

Rhein-Main Rauten
Olaf Klein
Jungferngartenstr. 10
65193 Wiesbaden

Wesaarclub
Jens Berner
Friedhofsweg 23
66119 Saarbrücken

WFC Dillingen / Saar
Michael Strangmann
Bittenfeldstr. 9
66763 Dillingen / Saar

7

WFC Stuttgart
Frank Helmes
Offenbachstr. 15
70195 Stuttgart

Magic Werder
Hannes Fischer
Schellingstr. 53
72072 Tübingen

Veringendorf on Tour
Marcus Kohl
Rettichsberg 25
72519 Veringendorf

WERDE MITGLIED
Kappa
citibank
10
Spielt sich durch
jede Abwehr.
DIEGO
Und in noch
mehr Herzen.
Wir hätten noch mehr fürs Herz.
Werden Sie Mitglied beim vierfachen Deutschen Meister, fünffachen DFB-Pokalsieger
und vielfachen Champions League-Teilnehmer. Nähere Infos unter www.werder.de

Der Fan-Club in meiner Nähe

Werderfans Süd
Dieter Wondratschek
Sonnenblumenweg 6
72631 Aichtal

Neuffen an der Weser
Stefan Wisniewski
Uracher Weg 23
72639 Neuffen

Wer Der
Heiko Dangelmayer
Boschweg 3
73054 Salach

Scorpions
Christian Götz
Johann-Strauß-Str. 23
73441 Bopfingen

WFC Ludwigsburg
Stefan Ebert
Nelkenweg 5
74385 Pleidelsheim

Nord bis Süd/Grün-Weiss
Wolfgang Wingert
Röhrigstr. 13
76437 Rastatt

Griffins Baden
Mathias Weber
Pferrmatt 9
77855 Achern

Werders Seehasen
Tobias Korting
Max-Stromeyer-Str. 3a
78467 Konstanz

8

Beck´s Street Boys
Matthias Reiss
Buchenwasen 12
88630 Pfullendorf

9

WFC Kiwi-Aura
Dieter Schneider
Welfenstr. 8
90475 Nürnberg

Club der Werderaner
Werner Streu
Mainecker Str. 12
96264 Baiersdorf

WFC Tauber
Mario Heinemann
Römerstr. 9
97922 Lauda-Königs-hofen

The Green Whales
Holger Sippel
Gropiusstr. 2
99423 Weimar

Werderhütte
Philipp Demske
Sonnenweg 19
99444 Blankenhain

Mühlhauser FC Grün-Weiß Werdi
Norman Urbach
Schillerweg 23
99974 Mühlhausen

Ausland

1st East African W.B.F.
Dietmar Lange
P.O. Box 30196
Tanzania Nairobi (Kenia)

Green Kings
Tim Schuy
50 Walham Grove
London SW6 1QR (England)

Ostkurve Brüssel
Lars Kiehlmann
Rue Leys 33
1000 Brüssel (Belgien)

WFC Lëtzebuerg
Paul Krier
277, rue de Cessange
1321 Luxembourg (Luxemburg)

Diano Marina 1993
Bar zum Ritter
Via Cantalupo 137
18100 Imperia (Italien)

Bastion Verde - Blanco Islas Canarias
Ralf Hoffmeister
Calle Matorral s/n.
38911 Frontera (Spanien)

Dragons Hong Kong
Felix Doodt
Discovery Park, Block 7, Flat 8A
398 Castle Peak Road
Tsun Wan, N. T. (Hongkong)

Löwen Ostbelgien
René Schumacher
Neuer Weg 21
4750 Weywertz (Belgien)

WFC Finnland
Dennis Forsgren
Skolhusgatan 49 A 13
65100 Vasa (Finnland)

Schweizer Stadtmusikanten
Sven Stückmann
Brämlenstr. 31
8234 Stetten (Schweiz)

Slovak FC of Werder Bremen
Michel Mark Urban
Jarok 547
95148 Jarok / Selbitz (Slowakei)

Stand: Oktober 2007

Foto: Imago

www.royrobson.com
Als offizieller Herrenausstatter von Werder Bremen
wünscht ROY ROBSON der Mannschaft für das Jahr 2008 viel Erfolg!

Werder Bremen GmbH & Co KG aA

Geschäftsführung

Jürgen Ludger Born

Position: seit 2004 Vorsitzender der Geschäftsführung, Geschäftsführer Finanzen und Öffentlichkeitsarbeit
Geburtsdatum: 24.9.1940
Geburtsort: Berlin
Bei Werder Bremen seit: 23.5.1999
Bisherige Position: 1999 – 2003 Vorstandsvorsitzender und Vorstandsmitglied Finanzen und Öffentlichkeitsarbeit
Persönliches: verheiratet, Söhne Maximilian, Christian, Tochter Denise
Ausbildung / Beruf:
Abitur / Wirtschaftsstudium in Hamburg
1968 – 1999 Deutsche Bank
Hamburg, Stuttgart, Frankfurt,
London, New York, Asuncion, Montevideo,
Buenos Aires, Sao Paulo
seit 2000 Honorarkonsul von Uruguay
Hobbys: Jazz, Tennis, Golf, Malerei

Klaus Allofs

Position: seit 2004 Geschäftsführer Profifußball
Geburtsdatum: 5.12.1956
Geburtsort: Düsseldorf
Bei Werder Bremen seit: 7.10.1999
Bisherige Position:
1999 – 2003 Vorstandsmitglied Profifußball
Persönliches: verheiratet,
Sohn Niklas, Töchter Leonie, Lotta
Spielerlaufbahn: TuS Gerresheim, Fortuna Düsseldorf, 1. FC Köln, Olympique Marseille, FC Girondins de Bordeaux,
1990 – 1993 Werder Bremen,
424 Bundesligaspiele / 177 Tore,
56 A-Länderspiele / 17 Tore
Trainerstation: Fortuna Düsseldorf
Größte Erfolge als Spieler: Europameister 1980, EM-Torschützenkönig 1980, Vize-Weltmeister 1986, Französischer Meister 1989 mit Olympique Marseille, Deutscher Meister 1993 mit Werder Bremen, Europapokalsieger der Pokalsieger 1992 mit Werder Bremen, DFB-Pokalsieger 1979, 1980, 1983, 1991, Bundesliga-Torschützenkönig 1979, 1982
Hobbys: Pferde, Golf

Klaus-Dieter Fischer

Position: seit 2004 Geschäftsführer Leistungszentrum Fußball und andere Sportarten
Geburtsdatum: 27.12.1940
Geburtsort: Bremen
Bei Werder Bremen seit: 6.1.1955
Bisherige Positionen: Schiedsrichter, Schatzmeister der Amateurabteilung, Jugendtrainer, Jugendbetreuer,
1970 – 1974 3. Präsident,
1974 – 1999 Vizepräsident,
1999 – 2003 Vorstandsmitglied
Weitere Positionen:
Präsident SV „Werder" von 1899 e. V.,
Mitglied des Beirats des Bremer Fußball-Verbands (BFV)
Persönliches: verheiratet,
Sohn Immo, Tochter Ilka
Ausbildung / Beruf:
Direktor der Bremer Verwaltungsschule und Leiter des Aus- und Fortbildungszentrums bis 31.12.2003
Hobbys: Theater, Konzerte, Skat, Prellball, Politik

Manfred Müller

Position: seit 2004 Geschäftsführer Marketing und Management
Geburtsdatum: 27.6.1944
Geburtsort: Bremen
Bei Werder Bremen seit: 10.2.1986
Bisherige Positionen:
1988 – 1999 Schatzmeister,
1999 – 2003 Vorstandsmitglied Marketing und Management
Weitere Position:
Mitglied des Aufsichtsrats der Deutschen Fußball-Liga (DFL)
Persönliches: verheiratet,
Tochter Ann-Christin,
Sohn Christoph-Alexander
Ausbildung / Beruf:
Vorstandsvorsitzender AOK Bremen / Bremerhaven
Hobbys: Fußball, Skat, Tennis

FUSSBALL,
WIE ER SEIN SOLLTE
5:1
Coca-Cola
zero
ECHTER GESCHMACK
UND ZERO ZUCKER
Coca-Cola zero
WWW.COKE.DE
Coca-Cola, Coke, die dynamische Welle und die Konturflasche sind eingetragene Schutzmarken der The Coca-Cola Company. Coca-Cola Zero ist koffeinhaltig.

Werder Bremen GmbH & Co KG aA

Aufsichtsrat

Willi Lemke

Position: seit 2005 Vorsitzender des Aufsichtsrats
Geburtsdatum: 19.8.1946
Geburtsort: Pönitz / Ostholstein
Bisherige Positionen:
1981 – 1999 Manager
1999 – 2003 Aufsichtsratsmitglied
2003 – 2004 Stellvertretender Vorsitzender des Aufsichtsrats
Bei Werder Bremen seit: 25.6.1975
Familienstand: verheiratet, Söhne Christoph, Tim, Lars, Tochter Nele
Ausbildung / Beruf:
Abitur, 1. Staatsexamen in Erziehungs- u. Sportwissenschaften / Wissenschaftlicher Mitarbeiter d. Uni Hamburg u. d. Uni Bremen, 1974 – 1981 SPD-Landesgeschäftsführer, Mitglied d. Deputation f. Sport, 1998 – 1999 ehrenamtlicher Lehrbeauftragter d. Uni Bremen, 1999 – 2007 Senator f. Bildung u. Wissenschaft, seit 2007 Senator f. Inneres und Sport
Hobbys: Marathon, Ski

Dr. Hubertus Hess-Grunewald

Position: seit 2005 Stellvertretender Vorsitzender des Aufsichtsrats
Geburtsdatum: 14.10.1960
Geburtsort: Varel
Bisherige Positionen:
1993 – 1999 Vorstandsmitglied der Fußball-Amateurabteilung
1999 – 2004 Aufsichtsratsmitglied
Bei Werder Bremen seit:
28.8.1970
Weitere Position:
Vize-Präsident Sport-Verein „Werder" von 1899 e. V.
Familienstand: verheiratet, Söhne Hannes, Paul
Ausbildung / Beruf:
Jurastudium / Rechtsanwalt (Fachanwalt für Arbeitsrecht)
Hobby:
Werder Bremen

Dr. Werner Brinker

Position: seit 2004 Aufsichtsratsmitglied
Geburtsdatum: 30.3.1952
Geburtsort: Lingen / Ems
Bei Werder Bremen seit:
1.7.2003
Familienstand:
verheiratet, Töchter Caroline, Friederike
Ausbildung / Beruf:
Dr.-Ing. Bauingenieurwesen, Vorsitzender des Vorstandes der EWE AG, Präsident des Verbandes der Elektrizitätswirtschaft (VDEW)
Hobbys:
Skifahren, Tennis, Golf

Gunnar Lübben-Rathjen

Position: seit 1999 Aufsichtsratsmitglied
Geburtsdatum: 9.4.1964
Geburtsort: Bremen
Bisherige Positionen:
1984 – 1990 Sportwart Handball
1990 – 1999 Abteilungsleiter Handball
Bei Werder Bremen seit:
2.8.1983
Familienstand:
verheiratet, Söhne Frithjof, Tjark, Tochter Berit
Ausbildung / Beruf:
Maschinenbaustudium, Abschluss Diplom-Ingenieur / Head of Central Order Processing – Production Department der Fa. Atlas Elektronik GmbH
Hobbys:
Modellbau, Sport (Handball)

Hans Schulz

Position: seit 1999 Aufsichtsratsmitglied
Geburtsdatum: 4.12.1942
Geburtsort: Halle/ Saale
Bei Werder Bremen seit: 4.7.1953
Familienstand: verheiratet
Spielerlaufbahn:
1963 – 1964 Werder Bremen Amateure
1964 – 1966 Werder Bremen
1966 – 1971 Hamburger SV
1971 – 1974 Fortuna Düsseldorf
1974 – 1976 Alemannia Aachen
Sportliche Erfolge:
Deutscher Meister 1965, Finale im Europapokal der Pokalsieger 1968, 214 Bundesligaspiele / 40 Tore
Ausbildung / Beruf:
Textilkaufmann
Hobbys: Golf, Tennis

Günter Schulze

Position: seit 2005 Aufsichtsratsmitglied
Geburtsdatum: 18.2.1933
Geburtsort: Magdeburg
Bei Werder Bremen seit:
29.3.1988
Familienstand:
verheiratet, Tochter Sabine, Sohn Thomas
Ausbildung / Beruf:
Inhaber BINDAN, Mitglied im Beirat von BINDAN, Geschäftsführer der TECCON GmbH & Co KG
Hobbys:
Tennis, Fußball, Golf

Starke Partner!
WERDER TRINKT VILSA | WERDER TRINKT VILSA |
VILSA
BRUNNEN
CLASSIC
Natürliches Mineralwasser
Jetzt wieder mitspielen
beim Tipp-Kick
unter www.vilsa.de!
VILSA-Brunnen
ist der offizielle
Getränkelieferant von
WERDER BREMEN
Mineralwasser-Fruchtsaftgetränk
VILSA
SPORT
SCHORLE
VILSA. Lebendig. Nordisch. Frisch.
VILSA-BRUNNEN O. Rodekohr GmbH & Co. KG · 27305 Bruchhausen-Vilsen · Tel. 0 42 52/3 92-0 · www.vilsa.de

Werder Bremen Trainer

Thomas Schaaf

Position: Chef-Trainer
Geburtsdatum: 30.4.1961
Geburtsort: Mannheim
Bei Werder Bremen seit: 1.7.1972
Spielerlaufbahn: bis 1978 Jugendspieler Werder Bremen, 1979 – 1994 Lizenzspieler Werder Bremen
Trainerlaufbahn:
1987 – 1988 B-Jugend Werder Bremen; 1988 – 1995 A-Jugend Werder Bremen; 1995 – 1999 Werder Bremen Amateure und Nachwuchs-Cheftrainer
Größte sportliche Erfolge als Spieler:
Deutscher Meister 1988, 1993; DFB-Pokalsieger 1991, 1994; Europapokalsieger der Pokalsieger 1992; deutscher Supercup-Sieger 1988, 1993, 1994; 2 Länderspiele U 21 Deutschland
Größte sportliche Erfolge als Trainer:
Deutscher Meister 2004; DFB-Pokalsieger 1999, 2004; Liga-Pokalsieger 2006;
Persönliches: verheiratet mit Astrid, Tochter Valeska
Hobbys: Familie, Lesen, Musik, Theater, Musical

Wolfgang Rolff

Position: Co-Trainer
Geburtsdatum: 26. 12. 1959
Geburtsort: Lamstedt
Bei Werder seit: 1. 7. 2004
Spielerlaufbahn: 1978 – 1980 OSC Bremerhaven; 1980 – 1982 Fortuna Köln; 1982 – 1986 Hamburger SV; 1986 – 1989 Bayer 04 Leverkusen; 1989 – 1990 Racing Strasbourg; 1990 – 1991 Bayer 05 Uerdingen; 1991 – 1994 Karlsruher SC; 1994 – 1995 1. FC Köln; 1995 – 1996 Fortuna Köln
Trainerlaufbahn: 03 – 07 / 1997 Co-Trainer Hamburger SV; 01– 07 / 1998 SV Meppen; 07 – 12 / 1998 Co-Tr. VfB Stuttgart; 12 / 1998 VfB Stuttgart; 11 / 2000 – 07 / 2001 Co-Trainer Bayer 04 Leverkusen; 09 / 2001 – 10 / 2002 Co-Trainer A-Nationalmannschaft Kuwait
Größte sportliche Erfolge als Spieler:
Vize-Weltmeister 1986; Europapokalsieger der Landesmeister 1983 mit dem HSV; UEFA-Cup-Sieger 1988 mit Bayer 04 Leverkusen; deutscher Meister 1983 mit dem HSV
Persönliches: verheiratet mit Andrea, Sohn Yannick
Hobby: Fußball

Matthias Hönerbach

Position: Co-Trainer
Geburtsdatum: 13. 4. 1962
Geburtsort: Köln
Bei Werder seit: 1. 7. 2005
Spielerlaufbahn:
1980 – 1981 Bayer 04 Leverkusen; 1981 – 1990 1. FC Köln; 1990 – 1994 1. FC Saarbrücken
Trainerlaufbahn: 1994 / 95 Co-Trainer Eintracht Trier; 1995 / 96 1. FC Köln Amateure; 1996 – 2003 Viktoria Köln
Größte sportliche Erfolge als Spieler: DFB-Pokalsieger 1983 mit 1. FC Köln; Erreichen des UEFA-Cup-Finales 1986 mit 1. FC Köln; 202 Bundesligaspiele / 4 Tore für 1. FC Köln und 1. FC Saarbrücken
Persönliches: Lebenspartnerin, Sohn Johannes, Tochter Olivia
Hobbys: Familie, Lesen, Golf spielen

Michael Kraft

Position: Torwart-Trainer
Geburtsdatum: 23. 4. 1966
Geburtsort: Dernbach
Bei Werder seit: 1. 1. 2006
Spielerlaufbahn: 1988 – 1990 1. FC Köln; 1990 – 1993 Bakirköyspor Istanbul (Türkei); 1993 – 1998 1. FC Köln; 1998 – 1999 FC Gütersloh
Laufbahn als Torwart-Trainer:
2000 – 2001 FC Carl Zeiss Jena; 2002 – 2003 LR Ahlen; 06 / 2003 – 12 / 2003 SK Bucheon (Südkorea); 01 / 2004 – 12 / 2004 FC Incheon United (Südkorea); 06 / 2005 – 12 / 2005 Preußen Münster
Größte sportliche Erfolge als Spieler:
27 Bundesliga-Spiele; 81 Erstliga-Spiele in der Türkei; deutscher Vize-Meister 1989 mit dem 1. FC Köln
Persönliches: Lebenspartnerin, 1 Sohn
Hobby: Fußball

Leistungszentrum

Anschrift:	Franz-Böhmert-Str. 7 28205 Bremen
Geschäftsführer:	Klaus-Dieter Fischer
Telefon:	04 21 – 43 45 91 14
Nachw.-Manager:	Uwe Harttgen
Telefon:	04 21 – 43 45 92 35
Fax:	04 21 – 498 40 13
Stellvertr. Nachw.-Manager:	Björn Schierenbeck
Nachwuchs-Cheftrainer:	Thomas Wolter
Telefon:	04 21 – 43 45 92 35
Sekretariat:	Elisabeth Kremin Frauke Strecker
Telefon:	04 21 – 43 45 92 35 04 21 – 43 45 92 92
Fax:	04 21 – 498 86 72
Internet:	www.werder.de
E-Mail:	info@werder.de

Fußball-Internat in der Ostkurve des Weser-Stadion

„Wilhelm-Scharnow-Internat"

Leitung: Dipl.-Psychologe Uwe Harttgen
Wirtschafterin: Jutta Reichel

Appartement-Haus „Hastedter Heerstraße"
Wirtschafterin: Anke Urbainski

Scouting-System

Verantwortlich: Frank Ordenewitz
Hauptamtl. Scout: Frank Ordenewitz, Michael Jürgen
Nebenamtl. Scout: Uwe Kliemann, Karl-Heinz Leuze, Ron Orlamünder,

Stützpunkttraining

Verantwortlich: Sandro Stallbaum, Harald Albrecht

Fußball-Schulprojekt mit dem Schulzentrum Bremen-Obervieland

Eine Zusammenarbeit mit den Trainern des Leistungszentrums von Werder Bremen und des Bremer Fußball-Verbands.

‚100 % Werder! Talent'

Jährliche Aktionstage, bei denen Nachwuchsspieler für die E- und D-Jugend-Mannschaften von Werder Bremen gesichtet werden.

‚100 % Werder! Camp'

Bei der mehrtägigen Veranstaltung erhalten 100 Kinder und Jugendliche die Möglichkeit, Werder Bremen bei Trainingseinheiten mit den Leistungstrainern und einem umfangreichen Rahmenprogramm kennenzulernen.

U 23

Trainer: Thomas Wolter
Co-Trainer: Frank Bender
Torwart-Trainer: Michael Jürgen
Team-Manager: Rainer M. Jördens
Mannschaftsärzte: Dr. Dominik Schwarz, Dr. Philip Heitmann, Dirk Netzer
Physiotherapeut: Daniel Kornblum
Reha-Trainer: Jens Beulke
Betreuer: Benno Urbainski, Hartmut Quäker
Sportliche Erfolge: Deutscher Amateurmeister 1966, 1985, 1991; Deutscher Amateurvizemeister 1982, 1993

U 21

Trainer: Andreas Ernst
Co-Trainer: Stefan Horeis
Torwart-Trainer: Detlef Voß
Betreuer: Tim Zinke

U 19

Trainer: Mirko Votava
Co-Trainer: Christian Lapke
Masseur: Stefan Kühn
Betreuer: Wolfgang Brase
Sportliche Erfolge: Deutscher Meister 1999; Deutscher Vizemeister 1995, 2000

U 18

Trainer: Viktor Skripnik
Co-Trainer: Manfred Winkler
Torwart-Trainer: Detlef Voß
Betreuer: Stefan Quast, Andreas Unglaube

U 17

Trainer: Bernd Pfeifer
Co-Trainer: Thomas Jahn
Physiotherapeut: Henning Kostro
Betreuer: Norbert Sunder
Sportliche Erfolge: Deutscher Vizemeister 1984, 1999

U 16

Trainer: Viktor Skripnik
Co-Trainer: Florian Kohfeldt
Betreuer: Jürgen Hamjediers
Sportliche Erfolge: Meister BFV 2001, 2002, 2004, 2005, 2006, 2007

U 15

Trainer: Thorsten Bolder
Co-Trainer: Horst-Dieter Höttges, Birger Hufe
Betreuer: Udo Brokopf
Sportliche Erfolge: Norddeutscher Meister 1979, 1986, 1987, 1995, 1998, 1999, 2000, 2002, 2003, 2004, 2005, 2006, 2007

U 14

Trainer: Norbert Hübner
Co-Trainer: Jens Käthner
Betreuer: Dieter Holländer

U 13

Trainer: Harald Albrecht
Co-Trainer: Dennis Kahl
Betreuer: Gabriel Schäffer

U 12

Trainer: Volker Radel
Co-Trainer: Horst Braakmann
Betreuer: Michael Martins

U 11

Trainer: Peter Behrens
Co-Trainer: Folkert Bellmer
Betreuer: Dominik Gutmann

U 10

Trainer: Thomas Lorenzen
Co-Trainer: Frank Nixdorf

U 9

Trainer: Ralf Görgens
Co-Trainer: Hajo Diederich

U 8

Trainer: Wolfgang Judel
Co-Trainer: Talat Demirkapi

U 7

Trainer: Wolfgang Weyers
Betreuer: Andreas Heins

U 6

Trainer: Günter Metzdorf
Co-Trainerin: Conny Metzdorf
Betreuerin: Katja Metzdorf

Torwart-Trainer: Michael Jürgen, Christian Lapke

Koordinations-Trainer
U 23 – U 15: Lars Figura
U 14 – U 6: Andriy Wornat

Reha-Trainer: Jens Beulke

22
Kappa
Voller Einsatz
für Bremen
Wir gehen für Bremen und Bremerhaven in die Offensive: Mit immer neue
Angeboten, die Ihre Gesundheit stärken und Ihren Geldbeutel schonen.
2008 wieder mit vielen Sportevents wie dem AOK-Superkick, Jugendturni
und der Werder Bremen-Kooperation 100 % fitte Schule. Anstoß!
AOK
Die Gesundheitskasse.

Foto: Rospek

Foto: Stoever

Foto: Imago

Foto: Rospek

Foto: Nordphoto

Foto: Rospek

Erreichen der 3. Profiliga ist das Ziel

Die zweigeteilte Regionalliga befindet sich in ihrer letzten Spielzeit. Ab der Saison 2008/2009 startet die neue eingleisige 3. Profiliga. Werders U-23 will dabei sein – eine große Herausforderung.

Die Konkurrenz um die begehrten zwanzig Plätze ist groß. Alle 37 Regionalliga-Teams wollen sich für die neu startende Spielklasse qualifizieren und haben daher mächtig aufgerüstet. Werder muss am Ende mindestens den zehnten Tabellenplatz erreichen und zugleich eines der zwei besten Nachwuchsteams der Staffel sein. „Das wollen wir schaffen. Schließlich haben wir uns dafür stark gemacht, dass wir in dieser Liga spielen dürfen. Also wollen wir auch dabei sein", erklärt Werders U-23-Trainer Thomas Wolter, der mit seinem Co-Trainer Frank Bender bereits in der sechsten Saison die Verantwortung trägt.

In erster Linie sollen Werders Talente über das U-23-Team jedoch den Sprung in den Profi-Kader schaffen. In den vergangenen dreißig Jahren bildete Werder über 80 Spieler für die 1. und 2. Bundesliga aus, darunter Marco Bode, Tim Borowski, Aaron Hunt sowie zuletzt Kevin Schindler, Kevin Artmann und Martin Harnik.

DER WEITESTE WEG LOHNT SICH.
Die Fan-Shops am Weser-Stadion · Bestell-Hotline: 01805/326746* · Online-Shop: www.werder.de
*0,14 €/Min. a.d. dtsch. Festnetz; ggfs. abweichende Preise a.d. Mobilfunknetz.

Frauenfußball

Große Ambitionen

Mit der erneuten Einführung des Frauenfußballs hat Werder Bremen ein neues Kapitel der Vereinsgeschichte aufgeschlagen. Rund ein halbes Jahr hatten die Grün-Weißen Zeit, um ein konkurrenzfähiges Team zusammenzustellen.

Kaum hatte Werder-Geschäftsführer Klaus-Dieter Fischer sein Vorhaben angekündigt, ab dem Sommer 2007 eine Frauenmannschaft ins Rennen zu schicken, da gingen bei den Grün-Weißen die ersten Anfragen ein. Über 150 Fußballerinnen hatten sich für das Team beworben. Keine leichte Aufgabe für Koordinatorin Birte Brüggemann und Trainer Frank Schwalenberg, eine Auswahl zu treffen und vor allem die richtige Mischung zu finden.

Insgesamt zwanzig Spielerinnen haben es geschafft, sich für das Team zu qualifizieren. Der Blick fällt vor allem auf drei Namen: Eva-Marlen Votava sowie die Geschwister Lara und Britta Möhlmann. Die Töchter treten in die Fußstapfen der berühmten Väter. Das Ziel ist klar definiert: Werder will innerhalb von vier Jahren von der Verbandsliga über die Regionalliga den Sprung in die 2. Bundesliga schaffen. Der Start gelang: Die ersten acht Punktspiele wurden gewonnen. Es gab kein Gegentor. Von Beginn an stand das Team an der Tabellenspitze.

Vor einer großen Herausforderung stehen auch die B-Juniorinnen. Da es in dieser Altersklasse im Bremer Fußball-Verband derzeit nur 7er-Mädchenmannschaften gibt, messen sich die grün-weißen Juniorinnen mit den Jungen in einer C-Jugend-11er-Staffel.

bizztools

SERVICE- UND ABRECHNUNGSDIENSTLEISTUNG

bizztools bietet renommierten Kunden aus der Finanzwirtschaft praxisorientierte Softwarelösungen an, die von einem Team mit langjähriger Markterfahrung entwickelt werden.

Die permanente Weiterentwicklung und höchste Qualitätsanforderungen bilden dabei die Grundlagen für Produkte und Dienstleistungen, die ihrer Zeit stets ein wenig voraus sind.

Neben der Softwareentwicklung bietet bizztools auch ein komplettes Outsourcing von Backofficetätigkeiten in diesem Bereich an. Dabei bestimmt der Kunde, welchen Umfang diese Dienstleistung haben soll.

Themen wie Antragserfassung oder Abrechnung sind dabei nur zwei Beispiele.

Interaktive Benutzerführung

Modular aufgebaute Beratungsinhalte

Interaktive Inhalte

Animierte Beispiele

Bizztools GmbH ▪ Universitätsallee 17 ▪ 28359 Bremen
Fon +49 (0) 421 8002 000 ▪ Fax +49 (0) 421 8002 100
www.bizztools.de ▪ info@bizztools.de

Sport-Verein „Werder“ von 1899 e.V.

Geschäftsführendes Präsidium

Klaus-Dieter Fischer

Position: seit 1.7.2003 Präsident
Geburtsdatum: 27.12.1940
Geburtsort: Bremen
Bei Werder Bremen seit: 6.1.1955
Bisherige Positionen: Schiedsrichter, Schatzmeister der Amateurabteilung, Jugendtrainer, Jugendbetreuer, 1970 – 1974 3. Präsident, 1974 – 1999 Vizepräsident, 1999 – 2003 Vorstandsmitglied
Weitere Positionen: Geschäftsführer Leistungszentrum Fußball u. a. Sportarten der Werder Bremen GmbH & Co. KG a. A., Mitglied des Beirats des Bremer Fußball-Verbands (BFV)
Familienstand: verheiratet, Sohn Immo, Tochter Ilka
Ausbildung / Beruf: Direktor der Bremer Verw.-schule und Leiter des Aus- und Fortbildungszentrums bis 31.12.2003
Hobbys: Theater, Konzerte, Skat, Prellball, Politik

Dr. Hubertus Hess-Grunewald

Position: seit 1.7.2003 Vize-Präsident
Geburtsdatum: 14.10.1960
Geburtsort: Varel
Bei Werder Bremen seit: 28.8.1970
Bisherige Positionen:
1993 – 1999 Vorstandsmitglied der Fußball-Amateurabteilung
1999 – 2003 Aufsichtsratsmitglied des Sport-Verein „Werder“ von 1899 e.V.
Weitere Position: Mitglied des Aufsichtsrats der Werder Bremen GmbH & Co. KG a. A. (seit 7.2.2005 stellvertretender Vorsitzender)
Familienstand: verheiratet, Söhne Hannes, Paul
Ausbildung / Beruf: Jurastudium / Rechtsanwalt (Fachanwalt für Arbeitsrecht)
Hobby: Werder Bremen

Axel Plaat

Position:
seit 1.7.2003 Schatzmeister
Geburtsdatum: 24.6.1958
Geburtsort: Bremen
Bei Werder Bremen seit: 1.6.1967
Bisherige Positionen:
1973 – 2000 Trainer Fußball-Abteilung
2001 – 2003 Kassenrevisor
Familienstand: verheiratet
Ausbildung / Beruf:
Bankkaufmann / Credit Officer im Local Credit Office der Commerzbank AG Hamburg
Hobbys:
Fußball, Tennis, Reisen

Mitglieder des Präsidiums

Dietmar Ernst
Abteilungsleiter Fußball

Dagmar Stelberg
Abteilungsleiterin Handball

Christian Schwarting
Abteilungsleiter Leichtathletik

Dr. Till Schelz-Brandenburg
Abteilungsleiter Schach

Werner Meyer
Abteilungsleiter Tischtennis

Meta Finke
Abteilungsleiterin Turnspiele & Gymnastik

Peter Logemann
Jugendreferent

Jürgen Sterzik
Sportreferent

SV Werder Bremen und seine Sportarten

Fotos: Martin Rospek

Abteilungen

Fußball
Abteilungsleiter: Dietmar Ernst,
Tel. 04 21 – 51 05 29
Pressewart: Kerstin Gloge,
Tel. 04 21 – 498 58 29
Jugendleiter: Jens Höfer,
Tel. 04 21 – 43 45 91 66

Leichtathletik
Abteilungsleiter: Christian Schwarting,
Tel. 04 21 – 44 48 99
Jugendleiterin: Jana Baumann,
Tel. 04 21 – 484 19 46
Pressewart: Olaf Kelterborn,
Tel. 04 21 – 437 39 61

Handball
Abteilungsleiterin: Dagmar Stelberg,
Tel. 01 63 – 264 07 50
2. Vorsitzender:
Gunnar Lübben-Rathjen,
Tel. 04 21 – 45 44 54
Jugendleiterin: Elke Humrich,
Tel. 04 21 – 44 89 29
Pressewart: Martin Lange,
Tel. 04 21 – 43 45 91 44

Schach
Abteilungsleiter: Dr. Till Schelz-Brandenburg,
Tel. 01 77 – 316 19 30
Jugendleiter: Oliver Müller

Tischtennis
Abteilungsleiter: Werner Meyer,
Tel. 040 – 30 01 29 88
Jugendleiter: Bogdan Tuschik,
Tel. 04 21 – 218 21 08
Mobil 01 74 – 512 22 43
Pressewart: Thorsten Bock,
Tel. 04 21 – 70 27 07

Turnspiele & Gymnastik
Abteilungsleiterin: Meta Finke,
Tel. 04 21 – 794 70 00
Pressewart: Manfred Jacobi,
Tel. 04 21 – 54 41 77

Jugendreferent
Peter Logemann,
Tel. 04 21 – 48 20 55

Sportreferent
Jürgen Sterzik,
Tel. 04 21 – 58 23 44

Dank an die ehrenamtlichen Mitarbeiter!

Auf die ehrenamtliche Mitarbeit seiner Mitglieder in den Abteilungen ist der SV Werder besonders stolz. Der SV Werder ist ein attraktiver Sportverein, wie seine hohe Mitgliederzahl beweist. (Aktuelle Berichte und Informationen aus den Abteilungen im WERDER-Magazin)

Ältestenrat

Peter Eilers

Horst Kühne

Werner Laue

Horst Münte

Wolfgang Schäfer

Günter Schulze

Hans Wild

Gemeinsam mit den sechs Abteilungsleitern bilden die Mitglieder des Ältestenrats den Wahlausschuss. Er schlägt der Mitgliederversammlung Kandidaten für das geschäftsführende Präsidium des SV „Werder" von 1899 e. V. und den Aufsichtsrat der GmbH & Co. KG aA vor.

Entwicklung der Mitgliederzahl

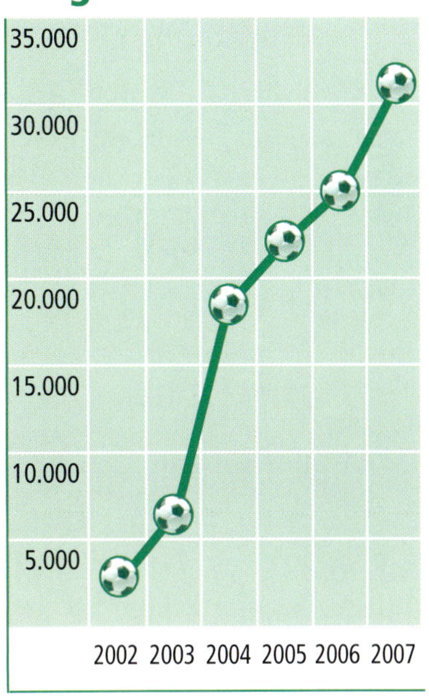

Wir sorgen für mehr Druck bei Werder Bremen
Die COMKOPIE Gruppe ist offizieller Lieferant von Werder Bremen für Druck-, Kopier-, Scan- und Faxsysteme.
Offizieller Partner von:
Die COMKOPIE-Gruppe:
COMKOPIE
Ges. für digitale Drucksysteme mbH
teampoint
COMKOPIE GmbH
Autorisierter Service Provider
So erreichen Sie uns:
Linzer Straße 6
28359 Bremen
Telefon (0421) 2 01 26 - 0
Telefax (0421) 2 01 26 - 30
Internet: www.comkopie.de
E-Mail: info@comkopie.de
Digitale Kopiersysteme in s/w und Farbe Drucksysteme in s/w und Farbe
Multifunktionale Faxsysteme Hard- und Software-Lösungen – autorisierter Apple Service Provider

Das Team hinter dem Team

Mehr als 100 hauptamtliche Mitarbeiterinnen und Mitarbeiter arbeiten bei Werder Bremen für den Bundesliga-Fußball, das Leistungszentrum und die Vereinsabteilungen. Von der Geschäftsführung bis zur Mitgliederverwaltung, von den Medien bis zur Wäscherei trägt jede Abteilung zum reibungslosen Ablauf bei.

Klaus Allofs
Geschäftsführer Profifußball

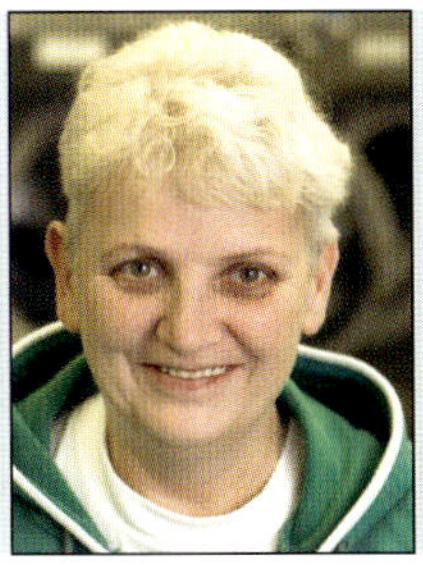

Ingrid Aydemir
Wäscherei

Christel Behrens
Stellvertretende Wirtschaftsleiterin Internat

Stephanie Behrens
Empfangssekretariat

Uwe Behrens
Zeugwart

Frank Bender
Co-Trainer U 23

Holger Berger
Physiotherapeut

Jens Beulke
Diplom-Sportlehrer, Reha-Trainer

Markus Biereichel
Medien und PR

Annika Blase
Sekretariat der Geschäftsführung

Simone Blümel
Buchhaltung

Thorsten Bolder
Trainer U 15

Jürgen L. Born
Vorsitzender der Geschäftsführung und Geschäftsführer Finanzen

Birte Brüggemann
Frauen- und Mädchenfußball

Folke Dannemann
CRM und Marketing

Marika Diesing
Sozialmanagement

Helmut Dunker
Sozialmanagement

Marcus Fährer
Ticketcenter

Hune Fazlic
Scouting

Klaus-Dieter Fischer
Geschäftsführer Leistungszentrum Fußball und andere Sportarten

Martina Flessner
Wäscherei

Henrike Fließbach
Ticketcenter

Ralph Freudrich
Ticketcenter

Katharina Freyberg
Auszubildende Sport- und Fitnesskauffrau

Das Team hinter dem Team

Jörg Fürst
Rechnungswesen und Ticketmanagement

Katrin Grüschow
Buchhaltung

Stephan Güttler
EDV-Administrator

Catharine Haertel
Mitgliederverwaltung

Hinrich von Hallen
Controlling und Personal

Marita Hanke
Medien und PR

Uwe Harttgen
Nachwuchs-Manager

Werner Heine
Controlling und Personal

Susanne Henke
Buchhaltung

Jens Höfer
Vereins- und Amateurangelegenheiten

Sandra Hoffmann
Ticketcenter

Norman Ibenthal
Medien und PR Leistungszentrum

Michael Jürgen
Nachwuchs-Torwart-Trainer / Scouting Leistungszentrum

Karl-Heinz Kamp
Scouting

Detlef Kollra
Zeugwart

Sebastian Kommer
Callcenter

Matthias Kook
Vereins- und Amateurangelegenheiten

Elisabeth Kremin
Sekretariat Leistungszentrum

Max Kruse
Auszubildender Sport- und Fitnesskaufmann

Martin Lange
Medien und PR

Anne-Kathrin Laufmann
Sozialmanagement

Janina Löwe
Buchhaltung

Roland Martinez
Dolmetscher

Petra Mayrhofer
Mitgliederverwaltung

Das Team hinter dem Team

Stefanie Migge
Ticketcenter

Manfred Müller
Geschäftsführer Marketing und Management

Alexander Neumann
Auszubildender Sport- und Fitness-kaufmann

Frank Ordenewitz
Scouting Leistungszentrum

Nicole Otten
Buchhaltung

Sonja Päs
Medien und PR

Heike Pape
Callcenter

Bernd Pfeifer
Trainer U 17

Nicole Pilzweger
Frauen- und Mädchenfußball

Tino Polster
Mediendirektor

Oliver Rau
Marketing und Sponsoring

Olaf Rebbe
Marketing

Marcel Redeker
Schuhpflege

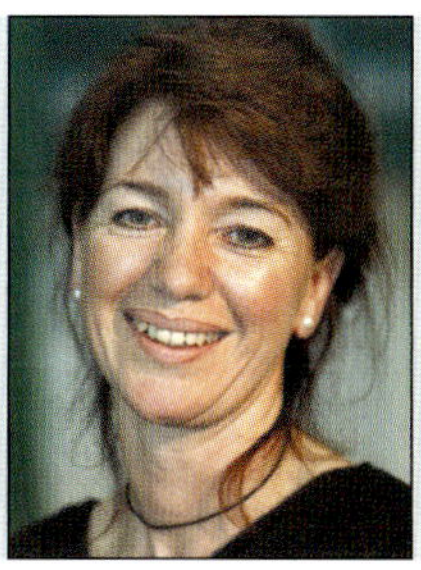
Jutta Reichel
Wirtschaftsleiterin Internat

Francisco Matias da Rocha
Dolmetscher

Michael Rother
Hausmeister

Michael Rudolph
Medien und PR

Björn Schierenbeck
Stellvertretender Nachwuchs-Manager

Petra Schmidt
Mitgliederverwaltung

Ingrid Siebke
Wäscherei

Viktor Skripnik
Trainer U 18 und U 16

Horst Stange
Autogrammkartenpost

Petra Stockmann
Geschäftsstelle

Christian Stoll
Marketing / Hospitality

Das Team hinter dem Team

Frauke Strecker
Leistungszentrum / Coaching und Schulungen

Christian Tonke
EDV-Administrator

Anke Urbainski
Hausmeisterin Jugendinternat

Benno Urbainski
Teambetreuer U 23

Miroslav Votava
Trainer U 19

Thomas Wolter
Nachwuchs-Cheftrainer

Stefan Wolters
Physiotherapeut

Nicole Wrage
Callcenter

Klaus Zagermann
Geschäftsstelle

Dieter Zeiffer
Fanbeauftragter

Angela Zitzmann
Sekretariat der Geschäftsführung

Das Stadion-Team

Marcus Mbiwe
DJ „Choco"

Christian Stoll
Stadionmoderator „Stolli"

Arnd Zeigler
Stadionmoderator „Arnie"

Busfahrer

Horst Kück
„Bussi"

Das Team vom Sporthep „Werder"

Dr. Götz Dimanski
Geschäftsführer und Mannschaftsarzt Bundesliga

Florian Lauerer
Physiotherapeut Bundesliga

Daniel Kornblum
Physiotherapeut U 23

Stefan Kühn
Physiotherapeut U 19

Henning Kostro
Physiotherapeut U 17

DERBYSTAR
BRILLANT APS
FIFA
APPROVED

Das Team der Fan-Service GmbH

Petra Stelljes
Geschäftsführerin

Sandra Böhmert
Auftragsbearbeitung

Marlene Gerkens
Auftragsbearbeitung

Katja Haack
Auftragsbearbeitung

Petra Hattendorf
Leiterin Fan-Shop

Frank Hopp
Sachbearbeiter

Markus Horstmann
Lagerverwaltung

Michaele de la Iglesia
Buchhaltung

Maren Kaminski
Assistentin der Geschäftsführung

Uwe Kühle
Stadionverkauf / Fanmobil

Verena Metzner
Leiterin Fan-Shop

Michael Meyer
Lager und Versand

Sandra Meyer
Auszubildende Einzelhandelskauffrau

Matthias Samuel
Fan-Shop

Lars Schneider
Sachbearbeiter

Klaudia Trzeciak
Auszubildende Einzelhandelskauffrau

Tim Zinke
Lager

Foto: Carsten Heidmann

Auf einen Blick

Anschrift: Werder Bremen
Franz-Böhmert-Str. 1 c
28205 Bremen

Öffnungszeiten Geschäftsstelle: Montag – Mittwoch 9 – 17 Uhr
Donnerstag 9 – 18 Uhr
Freitag 9 – 15 Uhr

Telefon Geschäftsstelle und Ticketcenter: **01805 / 937 337**
(€ 0,123 / Minute, Mo. – Fr. 9 – 18 Uhr, Sa. 11 – 13 Uhr, nur bei Heimspielen)

Internet: **www.werder.de**
E-Mail: info@werder.de

Fax Geschäftsstelle: 04 21 / 49 05 06
Fax Ticketcenter: 04 21 / 43 45 91 50

Werder Bremen GmbH & Co. KG aA

Geschäftsführung: Jürgen L. Born (Vorsitzender u. Geschäftsführer Finanzen und Öffentlichkeitsarbeit), Klaus Allofs (Geschäftsführer Profifußball), Klaus-Dieter Fischer (Geschäftsführer Leistungszentrum Fußball und andere Sportarten), Manfred Müller (Geschäftsführer Marketing und Management)

Aufsichtsrat: Willi Lemke (Vorsitzender), Dr. Hubertus Hess-Grunewald (Stellv. Vorsitzender), Dr. Werner Brinker, Gunnar Lübben-Rathjen, Hans Schulz, Günter Schulze

Chef-Trainer: Thomas Schaaf
Co-Trainer: Matthias Hönerbach, Wolfgang Rolff
Torwart-Trainer: Michael Kraft
Spiel- und Spielerbeobachter: Hune Fazlic, Karl-Heinz Kamp
Mannschaftsarzt: Dr. Götz Dimanski
Physiotherapeuten: Holger Berger, Stefan Wolters, Florian Lauerer
Zeugwarte: Detlef Kollra, Uwe Behrens

Verantwortungsbereiche

Controlling und Personal: Hinrich von Hallen
Marketing und Sponsoring: Oliver Rau
Mediendirektor: Tino Polster
Publikationen und Akkreditierungen: Marita Hanke
Rechnungswesen und Ticketmanagement: Jörg Fürst
Vereins- und Amateurangelegenheiten: Jens Höfer
Frauen- und Mädchenfußball: Birte Brüggemann
Sozialmanagement: Anne-Kathrin Laufmann
Werder Fan-Service GmbH: Petra Stelljes (Geschäftsführerin)
Sporthep ‚Werder' GmbH Sporttherapie und Rehabilitation: Dr. Götz Dimanski (Geschäftsführer)
Die größten Erfolge:
Deutscher Meister 1965, 1988, 1993, 2004
Deutscher Pokalsieger 1961, 1991, 1994, 1999, 2004
Deutscher Supercup-Sieger 1988, 1993, 1994
Deutscher Liga-Pokal-Sieger 2006
Europapokalsieger der Pokalsieger 1992
Deutscher Amateurmeister 1966, 1985, 1991
Ehrenspielführer:
Richard Ackerschott (†), Marco Bode, Dieter Burdenski, Dieter Eilts, Horst-Dieter Höttges, Arnold „Pico" Schütz

Leistungszentrum Fußball Werder Bremen

Anschrift:
Franz-Böhmert-Str. 7, 28205 Bremen
Leitung: Klaus-Dieter Fischer
Nachwuchs-Manager: Uwe Harttgen
Nachwuchs-Cheftrainer: Thomas Wolter

Sport-Verein „Werder" von 1899 e.V.

Gegründet: 4. Februar 1899

Geschäftsführendes Präsidium:
Klaus-Dieter Fischer (Präsident), Dr. Hubertus Hess-Grunewald (Vize-Präsident), Axel Plaat (Schatzmeister)

Mitglieder des Präsidiums:
Dietmar Ernst (Abteilungsleiter Fußball), Dagmar Stelberg (AbtL. Handball), Christian Schwarting (AbtL. Leichtathletik), Werner Meyer (AbtL. Tischtennis), Dr. Till Schelz-Brandenburg (AbtL. Schach), Meta Finke (AbtL. Turnspiele und Gymnastik), Peter Logemann (Jugendreferent), Jürgen Sterzik (Sportreferent)

Ältestenrat:
Peter Eilers, Horst Kühne, Werner Laue, Horst Münte, Wolfgang Schäfer, Günter Schulze, Hans Wild
Ehrenmitglieder:
Dr. Franz Böhmert (†), Joachim Bunzel, Meta Finke, Klaus-Dieter Fischer, Frank Jatho, Fini Krüger, Peter Logemann, Peter Sztuka, Hans Wild, Wolfgang Westdörp

Vereinsfarben:
Grün-Weiß

Mitglieder:
31.589 (Stand 31.10.2007)